사회야 사회야
나 좀 도와줘

사회야 사회야 나 좀 도와줘

펴낸날 2010년 2월 10일 1판 1쇄 | 2010년 9월 2일 1판 3쇄
글쓴이 박신식 | **그린이** 박영미
펴낸이 강진균 | **펴낸곳** 삼성당 | **편집 주간** 강유균
편집 책임 김혜정 | **편집** 변지연 김지현 조정민
디자인 김영중 안태현 | **제작** 강현배
마케팅 변상섭 김경진 하주현 | **온라인** 문주강 장동철
주소 서울시 강남구 논현동 101-14 삼성당빌딩 9층
대표 전화 (02)3443-2681 | **팩스** (02)3443-2683
홈페이지 www.ssdp.co.kr | **쇼핑몰** www.ssdmall.co.kr
출판등록 1968년 10월 1일 제2-187호
ISBN 978-89-14-01733-8 (73810)
ⓒ 박신식 2010

· 저자와의 협의에 따라 인지는 붙이지 않습니다.
· 이 책은 저작권법에 따라 보호받는 저작물이므로 무단전재와 무단복제를 금지하며,
  이 책 내용의 전부 또는 일부를 이용하려면 반드시 (주)삼성당의 서면 동의를 받아야 합니다.
· 파본은 바꾸어 드립니다.

우리는 왜 사회를 배워야 할까요?

여러분은 평소 '우리가 왜 법을 지켜야 하는 걸까?', '돈은 왜 만들었을까?', '가족이란 무엇인가?', '의식주란 무엇인가?', '기후는 우리 생활에 어떤 영향을 끼칠까?' 등 여러 가지 사회 현상에 대해 궁금했을 거예요.

그리고 '나라를 다스리는 사람으로 누구를 뽑을까?', '가격은 어떻게 정해지는 걸까?', '미래의 일을 어떻게 예측할 수 있을까?', '우리가 더 나은 생활을 하기 위해 어떤 방법이 있을까?' 등 문제 상황에 부딪히기도 했을 거예요.

사회는 이처럼 일상생활에서 부딪히는 경험을 바탕으로 우리 주위의 사회 현상을 올바르게 이해하기 위해 만든 교과예요. 그리고 우리 주위의 문제에 의문을 갖고 접근해 지혜롭게 해결할 수 있는 능력을 기르기 위한 교과이기도 하지요. 물론 그렇게 하기 위해서는 기본적인 지식을 이해하는 것도 필요하답니다. 즉, 사회는 생활

에서 일어나는 모든 일들을 바탕으로 사회 현상을 배우는 과목이라고 할 수 있어요. 그리고 생활의 호기심을 푸는 과목이라고 할 수 있지요.

  우리 어린이들이 이 책을 통해 사회가 어떤 과목이며 왜 필요한지 이해할 수 있었으면 좋겠어요. 책 속의 명섭이와 함께 생활 속에 숨어 있는 사회를 하나하나 발견해 보아요. 명섭이처럼 자신만의 사회 신문을 만든다면 더욱 좋겠지요? 사회에 대해 호기심을 가지고 문제를 발견하고 스스로 해결하다 보면 어느새 사회와 친해져 있을 거예요.

박신식

차례

대의 정치와 선거
나를 뽑아 주세요 8

법의 필요성
엉덩이로 이름 쓰기 20

시장과 가격
변신 로봇이랑 자전거랑 바꾸자 30

화폐의 역할
비밀번호 44

지도 읽기
어디로 가야 할까? 56

날씨와 기후
함께 쓰는 우산 70

촌락과 도시
상추가 내 똥 먹었어 80

통계와 도표
찌그러진 성적표 88

통신과 정보화 시대
난 네가 인터넷에서 한 일을 알고 있다 100

가족 구성원과 형태 114
이혼하지 마세요

의식주 문화 128
김치 없인 못 살아

여러 가지 사회문제 140
운동장에 쓰레기통을 만들어 주세요

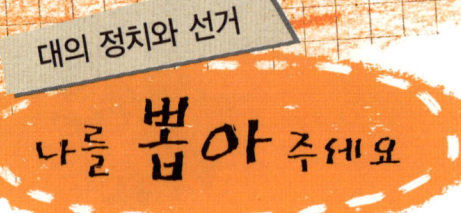

대의 정치와 선거
나를 뽑아 주세요

　새 학년이 시작되었습니다. 명섭이는 4학년 달님 반이 되었습니다. 아침에 명섭이는 실실 웃음 띤 얼굴로 가방을 챙겼습니다.
　"우리 명섭이가 학교 가는 게 즐거운가 보구나? 달래랑 같은 반이 되어서 그렇지?"
　엄마가 놀리듯 물었습니다. 명섭이는 얼굴이 빨갛게 달아올랐습니다. 요즘 달래와 4학년을 함께 보낼 생각에 잔뜩 들떠 있었습니다. 아침잠이 많던 명섭이지만, 새 학년이 시작된 뒤로는 매일같이 일찍 일어났습니다.
　"그런데 어떡하지? 오늘 선거날이라서 학교가 쉴 텐데? 그렇게 달래가 보고 싶었니?"

명섭이는 그제야 어제 종례 시간에 선거날은 쉰다고 했던 선생님의 말씀이 떠올랐습니다.

"여보, 얼른 투표하러 가요! 오늘 선거날이잖아요."

엄마가 현관문을 열며 소리쳤습니다. 아빠는 못 들은 척 거실 소파에 앉아 텔레비전을 보고 있었습니다. 명섭이가 걱정스러운 눈빛으로 아빠를 쳐다보았습니다.

"아빠, 어서 엄마 말대로 하세요. 괜히 버티다가 끌려가지 마시고요."

"섭섭아, 넌 끼어들지 마라. 응?"

명섭이의 말에 아빠가 입을 삐죽 내밀었습니다.

"우리 아들 고맙구나. 호호. 여보, 어서 오세요."

엄마가 간드러지게 웃더니 목소리를 낮게 깔며 아빠를 불렀습니다.

"찍을 사람이 없다는데도……."

아빠가 중얼거리며 자리에서 일어났습니다.

그때 옆집 종구 형이 현관을 기웃거렸습니다. 종구 형은 법관이 되기 위해 몇 년째 사법고시를 준비하고 있습니다. 하지만 항상 동네를 어슬렁어슬렁 돌아다녀서 공부는 언제 하는지 명섭이는 궁금하기만 했습니다. 오늘도 종구 형은 여느 때와 마찬가지로 떡진 머리에 다 헤진 운동복을 입고 슬리퍼를 질질 끌었습니다.

"형님, 투표는 꼭 하셔야죠! 당당한 대한민국의 국민으로서 19세 이상 성인이라면 누구나 한 표씩 직접 투표해야 하지 않겠습니까!"

주먹을 꼭 쥐고 말하는 종구 형의 눈이 반짝거렸습니다. 종구 형은 평소에는 흐리멍덩하다가도 법 이야기만 하면 눈이 초롱초롱해집니다.

"내가 누굴 찍는지 아무도 모르게 하는 비밀선거도 선거의 원칙이지요!"

"비밀선거?"

종구 형의 말에 아빠가 눈을 찡긋거렸습니다. 그러자 엄마가 이맛살을 찌푸렸습니다.

"무슨 생각을 하는 거예요? 혹시 투표용지에 이상하게 찍어서 무효표를 만들면 가만두지 않을 거예요."

"당신이 내가 무효표를 만들지 어떻게 알아요? 비밀투표인데, 하하. 종구야, 투표하러 가자!"

아빠가 히죽 웃으며 종구 형과 어깨동무를 하고 집을 나섰습니다.

무효표는 안 돼요!

다음 날 명섭이네 학교에서도 1학기 학급 임원 선거를 했습니다. 먼저 후보 추천이 시작되었습니다.

"윤상철을 추천합니다."

"조인아를 후보로 추천합니다."

아이들이 하나 둘 회장 후보를 추천하기 시작했습니다. 명섭이도 후보가 되고 싶었습니다. 하지만 추천해 주는 친구가 없었습니다. 믿었던 단짝 재범이마저 덩치가 큰 치성이를 추천했습니다.

'달래를 추천하자. 그러면 달래가 날 추천해 줄지도 몰라.'

명섭이가 손을 번쩍 들었습니다.

"진달래를 추천합니다."

명섭이가 큰 소리로 말하자 달래가 명섭이를 힐끗 쳐다보았습니다. 하지만 달래는 명섭이를 후보로 추천해 주지 않았습니다. 명섭이의 입이 뽀로통 튀어나왔습니다.

남녀 각각 네 명의 후보가 추천되었고 저마다 소견 발표를 시작했습니다.

"저를 회장에 뽑아 주시면 1학기 동안 반을 위해서 봉사하겠습니다."

"학급 임원이 학급을 위해 봉사하는 건 당연한 거 아냐? 당연한 말을 왜 하는 거야?"

"절 뽑아 주시면 우리 반을 재미있는 반으로 만들겠습니다."

"어떻게 우리 반을 재미있게 만들겠다는지 알 수가 없잖아. 맘에 안 들어."

명섭이는 아이들이 소견 발표를 할 때마다 혼자 고개를 흔들며 구시렁댔습니다. 옆에 있던 친구들이 하지 말라고 옆구리와 등을 쿡쿡 찌르며 눈치를 주어도 아무 소용이 없었습니다.

달래가 소견 발표를 시작했습니다.

"저 진달래가 회장이 된다면 함께 웃고 울 수 있는 여러분의 진정한 친구가 되어 주겠습니다."

명섭이는 달래의 말에는 구시렁대지 않고 환하게 웃으며 박수를 힘껏 쳤습니다. 옆에 있던 아이들이 어이가 없다는 듯 설레설레 고개를 저었습니다.

후보들의 소견 발표가 끝나자 선생님이 투표용지를 나누어 주었습니다.

"투표용지에 남자와 여자 후보를 각각 한 명씩 쓰세요. 가장 많은 표를 얻은 어린이가 회장, 그 다음이 부회장이 되는 것입니다. 이것은 비밀투표이기 때문에 쓴 다음에 두 번 접어서 내 주세요."

명섭이는 투표용지를 받아 들고 칠판에 적힌 후보들의 이름을 천천히 살펴보았습니다.

'여자는 달래를 쓰면 되는데 남자는 누굴 쓰지?'

선생님이 투표용지를 걷고 개표가 시작되었습니다. 맨 앞자

리에 앉아 있던 영식이가 앞에 나가 투표용지에 적힌 이름을 불렀습니다.

아이들은 모두 긴장한 듯 숨을 죽이고 영식이의 목소리에 귀를 기울였습니다. 여자 후보인 인아와 달래가 서로 엎치락뒤치락하며 표를 얻었습니다. 영식이의 입에서 인아와 달래의 이름이 불릴 때마다 여기저기서 낮은 함성이 새어 나왔습니다.

그런데 영식이가 투표용지를 하나 펼치더니 고개를 갸웃거렸습니다.

"최명섭, 진달래. 이것은 무효표로 처리하겠습니다."

영식이의 말에 아이들이 책상을 두들기며 까르르 웃었습니다. 명섭이의 얼굴도 빨개졌습니다.

개표가 끝났습니다. 그런데 여자 회장은 인아와 달래가 똑같이 12표를 얻었습니다.

"아깝다. 아까 그 무효표만 없었어도 달래가 회장이 되는 건데……."

장난기 많은 민준이가 껄렁거리며 말하자 아이들의 눈길이 명섭이를 향해 몰렸습니다. 명섭이가 당황한 듯 얼굴을 붉히며 이리저리 아이들을 둘러보았습니다.

"내가 그런 거 아냐."

명섭이가 울상을 지으며 손을 저었습니다.

인아와 달래만 놓고 여자 회장을 뽑는 재투표가 시작되었습니다. 결국 재투표에서 인아가 두 표 차이로 회장이 되었습니다. 남자 회장은 상철이가 되었습니다.

개표가 모두 끝나자 학급 임원이 된 회장과 부회장 들이 환하게 웃으며 당선 인사를 했습니다. 그리고 선생님이 말을 이었습니다.

"무효표를 쓴 사람이 누군지 잘 모르겠지만……."

선생님은 살짝 눈웃음을 그리며 명섭이를 쳐다보았습니다. 명섭이는 눈을 아래로 내리깔았습니다.

"소중한 한 표를 제대로 투표하는 것이 선거의 바른 자세예요. 다음부터는 이런 일이 없었으면 좋겠어요. 그리고 학급 임원으로 뽑힌 아이들은 친구들이 잘 뽑았다는 생각을 가질 수 있게 노력하고 학급의 모든 친구들은 회장과 부회장 들을 도와 우리 반이 멋진 학급이 될 수 있도록 노력해 주세요."

선생님의 말에 아이들은 모두 고개를 끄덕이며 박수를 쳤습니다.

집에 가는 길이었습니다. 명섭이는 어깨를 축 늘어뜨린 채 집으로 가고 있었습니다. 그때 누군가 명섭이의 등을 툭 쳤습니다. 달래였습니다.

"달래야, 미안해. 내가 무효표를 만들지 않았다면 회장에 당선될 수도 있었을 텐데."

"괜찮아. 그런데 왜 그랬어?"

"그게 말이야. 너랑 같이 학급 임원이 되고 싶었어. 그런데 다른 아이들이 추천해 주지 않았잖아."

명섭이의 말에 달래가 키득키득 웃었습니다.

"그러면 네가 직접 손을 들고 후보로 나서면 될 거 아냐."
"그건 자신이 없어서……."
명섭이의 얼굴이 더 빨개졌습니다.
"어휴. 그렇게 소심하면서 무효표는 어떻게 썼냐? 2학기 때에는 내가 후보로 팍팍 밀어줄게. 하지만 임원으로 뽑히는 건 네가 1학기 동안 학급에서 어떻게 행동하느냐에 달린 거 알지?"
달래의 말에 명섭이의 얼굴은 금세 환해졌습니다.

섭이 신문 1호

선거를 통해 국민을 대표할 사람을 뽑아요

시끌시끌 학급 임원 선거 치러

우리 학급에서 1학기 학급 임원 선거를 치렀다. 선생님이 진행 과정을 설명한 후, 후보자 추천, 소견 발표, 투표, 개표, 당선자 소감 발표의 순으로 진행되었다. 회장에는 윤상철, 조인아, 부회장에는 최치성, 진달래가 뽑혔다. 이들은 앞으로 우리 반을 대표해 활발한 활동을 펼치게 된다.

선거는 왜 하는 걸까?

국민이 인간답고 행복하게 살 수 있도록 여러 문제를 해결하고 질서를 유지할 수 있는 사람이 필요하다. 그래서 오늘날 대부분의 민주주의 국가에서는 국민의 의견을 대신해 정치를 해나갈 대표를 뽑는다. 이것을 대의 정치라고 부른다. 우리나라에서는 선거를 통해 대통령과 국회의원 등과 같은 국민의 대표를 뽑는다.

국민의 대표는 무슨 일을 할까?

대통령은 외국에 대하여 우리나라를 대표하는 국가 원수이고 행정부의 대표이다. 대통령은 외교권, 공무원 임명권 등의 권한과 국가의 독립과 영토, 국민을 지켜야 하는 의무가 있다. 그리고 국회의원들은 국민의 대표자로서 국회에서 법을 만들거나 고치고, 행정부가 일을 잘하는지 감시, 통제한다.

법의 필요성

엉덩이로 이름 쓰기

첫 학급 어린이회 시간이었습니다.

"오늘 학급 어린이회 시간에는 우리 반 학급 규칙을 만들기로 해요. 예를 들면 수업 시간에 떠들었다거나 숙제를 해오지 않았을 때 어떻게 하면 좋을지 여러분 스스로 정하는 거예요."

선생님 말대로 학급 규칙을 만들게 되었습니다.

"숙제를 안 해왔을 때는 어떻게 하는 것이 좋을까요?"

회장인 상철이가 물었습니다.

"운동장을 돌게 합시다."

"남아서 숙제를 하고 가게 해요."

아이들이 저마다 의견을 냈습니다.

"국어 숙제도 안 해오고 사회 숙제도 안 해왔으면 운동장을 두 배로 돌아야 하는 건가? 그렇다면 운동장을 몇 바퀴 돌아야 하는지도 정해야겠군."

명섭이가 손도 들지 않고 구시렁거렸습니다.

"그렇다면 숙제를 안 해왔을 때는 숙제 분량과 상관없이 운동장을 두 바퀴 돌고 남아서 숙제를 하고 가는 것은 어떻겠습니까? 찬성하면 손을 들어 주시기 바랍니다."

상철이의 말에 많은 아이들이 손을 들었습니다.

"지각을 했을 때는 어떻게 할까요?"

상철이는 다른 학급 문제로 넘어갔습니다.

"지각한 만큼 남아서 청소를 하게 해요."

"지각한 만큼 서서 공부하게 해요."

"지각? 미리 연락하지 않고 병원 갔다 온 것은 지각인가, 아닌가? 거짓말을 해도 모르겠는데?"

명섭이가 또 구시렁거렸습니다.

"최명섭 어린이는 손을 들고 발표해 주시기 바랍니다."

상철이가 굳은 얼굴로 말했습니다. 선생님도 명섭이를 계속 쳐다보고 있었습니다.

"그렇다면 지각을 했을 때는 남아서 청소를 하기로 하겠습니다. 그럼 이번에는 친구를 놀리거나 싸워서 울렸을 때는 어떻게 할까요?"

"사과 편지를 써요."

"울렸으면 웃기면 되는 거 아닌가?"

명섭이가 또 구시렁거리자 상철이가 이맛살을 찌푸렸습니다.

"그렇다면 어떻게 웃겨야 할지 그 방법도 정하는 것이 좋겠군요. 어떤 방법이 좋을까요?"
"엉덩이로 이름 쓰기가 좋겠습니다. 그러면 친구를 놀리지 않을 것 같기 때문입니다."
재범이가 말하자 아이들 모두 손을 들었습니다.
"이번에는 손을 들지 않고 발표를 할 때는 어떻게 하는 것이 좋을지 말해 주시기 바랍니다."
순간 명섭이가 움찔거렸습니다. 그리고 뭐라고 중얼거리려다 입을 꾹 다물었습니다. 명섭이의 모습을 보고 아이들이 키득키득 웃었습니다.

"그렇게 말을 많이 하고 싶다면 국어 책을 10쪽 가량 소리 내어 읽게 하는 것이 좋을 것 같습니다."

"쉬는 시간에 노래를 한 곡 부르게 하는 것도 좋을 것 같습니다."

아이들은 신나서 너도나도 의견을 냈습니다. 그 후로 명섭이는 더 이상 구시렁거리지 않았습니다.

여러 가지 학급의 규칙이 정해졌습니다.

"우리가 정한 학급 규칙은 싫어도 우리 반 다수의 의견이므로 따라야 합니다."

선생님은 학급 규칙이 적힌 커다란 종이를 교실 뒤쪽 게시판에 붙여 놓았습니다.

1교시 미술 시간에 붓글씨를 썼습니다. 명섭이는 삐뚤삐뚤한 자신의 글씨가 마음에 들지 않았습니다. 짝꿍인 달래는 또박또박 글씨를 잘 썼습니다.

"달래야, 네 붓이 더 잘 써지는 것 같다. 네 붓으로 한번 써 보자."

명섭이가 달래 붓을 재빨리 빼앗아 들었습니다. 순간 붓에 묻어 있던 먹물이 달래의 손과 옷에 묻었습니다. 달래가 이맛살을 찌푸렸습니다.

"괜찮아. 옷에 묻은 것은 대충 닦고 집에 가서 빨면 되고, 손에 묻은 것은 안 닦아도 되겠다. 네 피부가 까매서 별로 티도 안 나거든."

명섭이가 장난스럽게 말했습니다. 순간 달래가 명섭이를 쏘아보았습니다. 그리고 울상을 지었습니다.

"야, 명섭아. 달래 울리지 마. 그러다가 진짜 울기라도 하면 어떻게 할 거야?"

재범이의 말에 명섭이는 정신이 번쩍 들었습니다.

"달래야, 미안해. 울지 마. 알았지?"

명섭이가 달래에게 다가가자 달래가 두 손으로 얼굴을 가린 채 얼굴을 홱 돌렸습니다.

"너 우는 거 아니지?"

명섭이가 손으로 달래 손을 잡고 얼굴에서 떼려 했습니다. 순간 달래 얼굴에 명섭이의 손에 묻어 있던 먹물이 묻고 말았습니다.

아이들이 달래의 얼굴을 보고 잠깐 침묵이 이어지더니 곧이어 폭소가 터져 나왔습니다. 그러자 달래가 훌쩍훌쩍 울기 시작했습니다.

"무슨 일이니?"

선생님이 다가와 물었습니다.

"선생님, 명섭이가 달래 울렸대요."

"그래? 달래가 울었단 말이지?"

선생님이 눈웃음을 치며 울었다는 말을 강조했습니다.

"명섭아, 이리 나오렴. 달래도 나오고."

명섭이는 쭈뼛거리며 앞으로 나왔습니다. 달래도 물티슈로 얼굴을 닦고 앞으로 나왔습니다.

"명섭아, 우리 학급 규칙 알지? 친구를 울렸을 때는……."
"엉덩이로 이름 쓰기!"
아이들은 선생님의 말을 이어받아 합창하듯 소리쳤습니다.
결국 명섭이는 달래 앞에서 엉덩이로 이름을 써야 했습니다. 명섭이는 창피해서 얼굴을 들지 못한 채 엉덩이로 '최' 자를 썼습니다.
달래는 명섭이의 모습을 보고 웃음을 참지 못하고 깔깔거렸습니다. 달래가 웃자 명섭이도 기분이 좋아져 신나게 엉덩이를 실룩거리며 남은 이름을 마저 썼습니다.

국민 모두는 법을 지켜야 해요

학급 규칙에 따라 벌칙 내려

학급 어린이회 시간에 학급 규칙을 만들었다. 숙제를 안 했을 때, 지각을 했을 때, 친구를 울렸을 때 등 잘못된 행동에 어떤 벌칙을 주어야 하는지 여러 의견을 들어 보고 다수결의 원칙에 따라 정했다.

법이란 무엇일까?

국가라는 공동체 속에서 일어나는 여러 문제를 해결하고, 질서 있게 생활하기 위해서는 누구나 꼭 지켜야 하는 사회 규범이 필요하다. 그것이 바로 헌법을 비롯한 법률, 명령, 규칙, 조례 등의 법이다. 우리나라는 법에 따라 나라를 다스리는 '법치국가'이므로 만약 법을 어기면 법에 정해진 대로 벌을 받아야 한다.

옳고 그름을 판단하는 법원

모든 국민은 억울한 일을 당했을 때에나, 다른 사람과 문제가 생겼을 때 자신을 보호할 권리를 가진다. 그래서 법원에 억울함을 호소할 수 있는데, 이때 법원에서는 재판을 통해 누가 옳고 잘못했는지를 판단하며 개인의 권리를 보호하는 일을 한다. 또한 법원은 법을 어긴 사람들을 법에 따라 재판하고 벌을 주어 사회 질서를 유지하게 한다.

시장과 가격
변신 로봇이랑 자전거랑 바꾸자

월요일에 선생님이 알뜰 시장 소식을 알려 주었습니다.

"금요일에 우리 학교 알뜰 시장이 열릴 거예요. 목요일까지는 각자 가져온 물건을 반 친구들과 서로 물물교환을 할 수 있도록 하겠어요. 돈이 없던 시대에 어떻게 물건을 바꿔 썼는지 경험하는 기회가 될 거예요. 그리고 그 후에 남는 물건은 알뜰 시장에서 필요한 물건을 살 수 있는 쿠폰과 바꿔 줄게요."

명섭이는 다음 날 변신 로봇을 알뜰 시장 물품으로 가져갔습니다. 자동차와 비행기, 로봇으로 변신하는 장난감이었습니다. 다른 아이들도 선생님이 오시기 전에 자기가 가져온 물건

들을 보여 주었습니다. 인형, 책, 만화책, 지갑, 미니 선풍기, 도장 세트 등이 펼쳐졌습니다.

갑자기 재범이가 호주머니에서 칼을 꺼냈습니다.

"야, 그런 걸 가져오면 어떡하니?"

인아가 깜짝 놀라며 소리쳤습니다.

"이거?"

재범이가 빙긋 웃더니 명섭이의 팔에 칼을 푹 꽂았습니다. 명섭이는 깜짝 놀라 몸을 움츠렸습니다. 그것은 칼이 손잡이 안으로 쏙 들어가 상처가 나지 않는 장난감 칼이었습니다.

"야, 신기하다. 재밌는걸?"

남자아이들은 장난감 칼을 만져 보며 서로 찌르는 장난을 쳤습니다.

그때 교실 문이 열리더니 치성이가 자전거를 끌고 들어왔습니다. 힘이 좋은 치성이었지만, 3층까지 자전거를 가지고 올라오느라 이마에는 땀이 송골송골 맺혔습니다. 기어는 달리지 않았지만 무척 깨끗해 보이는 자전거였습니다.

"얼마 전에 삼촌이 새 자전거를 선물해 주셨어. 기어도 달리고 접을 수 있는 걸로. 그래서 아깝기는 하지만 이 자전거는 놔둘 데도 없고 해서 알뜰 시장에 내려고 가져온 거야."

치성이가 어깨를 으쓱거리며 말했습니다. 순간 명섭이의 눈이 반짝거렸습니다. 평소 자전거를 갖고 싶었기 때문입니다.

"치성아, 이것하고 자전거랑 바꾸자."

"야, 말이 되냐? 그깟 변신 로봇하고 자전거하고 어떻게 비교가 되냐?"

명섭이의 말에 치성이가 고개를 저었습니다.

"치성아, 내 자석 장기판하고 바꾸는 건 어때?"

"치성아, 내가 돈을 주고 사면 안 될까?"

많은 아이들이 치성이의 자전거를 탐냈습니다. 하지만 치성이는 마음에 드는 물건이 없는 것 같았습니다.

영식이가 뒤늦게 교실에 들어왔습니다. 영식이도 자전거를 보더니 눈빛이 반짝거렸습니다.

"치성아, 내 야구 세트하고 바꾸면 안 될까? 이거 얼마 쓰지 않은 거야."

영식이가 야구 배트와 글러브를 꺼내 보이며 말했습니다.

"내가 운동과 게임을 좋아하기는 하지만 이건 우리 집에 있거든."

"야, 그러지 말고 이거랑 자전거랑 바꾸자, 응?"

영식이는 끈질기게 치성이에게 매달렸습니다. 하지만 치성이의 마음은 변하지 않았습니다.

'좋은 방법이 없을까?'

명섭이는 집에 가는 내내 머리를 굴렸지만, 도무지 좋은 생각이 떠오르지 않았습니다.

"섭섭아, 뭐 하냐?"

익숙한 슬리퍼 끄는 소리에 뒤돌아보니 역시 종구 형이었습니다. 종구 형 손에는 여러 벌의 옷이 들려 있었습니다.

"아, 진짜. 섭섭이라고 부르지 말라니까요!"

"다 아는 사람끼리 왜 이래, 섭섭하게."

명섭이가 토라졌을 때 아빠가 장난으로 섭섭이라고 부르기 시작했는데, 종구 형의 귀에까지 들어가고 말았습니다. 그 뒤로 종구 형은 잊을 만하면 명섭이를 섭섭이라고 불렀습니다. 명섭이는 지나가는 똥개를 부르는 것 같아 마음에 들지 않았습니다.

"그 옷들은 뭐예요?"

명섭이는 얼른 종구 형이 들고 있는 옷을 가리켰습니다.

"구청 알뜰 시장에 가서 책 몇 권을 옷으로 바꿨어. 그 사람은 책이 필요하고, 난 옷이 필요하고. 이거 입으면 나 '짱'이겠지?"

종구 형이 펼친 빨간 티셔츠에는 초록색 둘리가 그려져 있었습니다. 그런데 둘리 얼굴이 찌그러진 것이 딱 보기에도 가짜였습니다.

"그런 옷은 유치원생도 안 입어요! 거기다 짝퉁이라고요."

"뭐? 짝퉁? 난 내 피 같은 책을 내놨는데. 역시 물물교환은 어렵군."

종구 형은 분한 듯 씩씩거렸습니다.

"맞아요. 저도 학교 알뜰 시장에서 치성이의 자전거와 물물 교환하고 싶은데, 치성이가 제 변신 로봇하고는 바꾸기 싫대요. 좋은 방법이 없을까요?"

"서로의 요구 조건이 들어맞으면 가능하지. 네가 자전거를 갖고 싶다면 치성이가 갖고 싶어 하는 물건을 준비하면 되는 거야."

"치성이가 게임과 운동을 좋아한다고 하긴 했는데……."

명섭이는 중얼거리다가 책상 속에 처박혀 있는 게임기를 떠올렸습니다.

"형, 자전거랑 바꿀 게 생각났어요!"

명섭이는 신이 나서 제자리에서 콩콩 뛰었습니다.

"섭섭아, 행운을 빈다."

계속 섭섭이라고 부르는 종구 형이 얄미웠지만, 명섭이는 내일 생길 자전거 생각에 비죽이 미소를 지었습니다.

다음 날 명섭이는 집에서 작은 액정이 달린 게임기를 챙겼습니다. 하지만 건전지가 다 닳았는지 전원이 켜지지 않았습니다. 명섭이는 학교 앞 문방구로 향했습니다.

문방구에 들어가려고 할 때 영식이가 커다란 쇼핑백을 들고 낑낑대며 학교로 가는 것이 보였습니다.

'오늘따라 일찍 오는데? 불러서 같이 가자고 할까? 아냐, 어서 건전지부터 사자.'

명섭이는 문방구에 들어가 건전지를 사자마자 게임기에 집어넣고 전원 버튼을 눌렀습니다. 화면이 밝게 켜지자 명섭이의 얼굴도 환하게 밝아졌습니다.

'이거면 틀림없이 자전거랑 바꿀 수 있을 거야.'

명섭이는 빠른 걸음으로 교실에 올라갔습니다. 그리고 가방도 내려놓기 전에 숨을 할딱거리며 게임기를 치성이 앞에 내놓았습니다.

"치성아, 이 게임기하고 자전거하고 바꾸면 안 될까? 버튼 하나가 떨어져서 게임 시작할 때 조금 불편하긴 하지만 게임 하는 데에는 아무 문제없어. 게다가 이걸로 할 수 있는 게임이 열두 가지나 돼."

"좋긴 하네. 하지만 한발 늦었어. 이미 인라인스케이트랑 바꿔 버렸는걸?"

치성이가 옆에 있는 쇼핑백을 가리켰습니다. 영식이가 들고 가던 쇼핑백이었습니다. 고개를 뒤로 돌리자 영식이가 히죽 웃으며 자전거를 만져 보고 있었습니다.

'만날 늦게 오던 녀석이 오늘 어쩐지 빨리 온다 싶었더니……'

명섭이가 어깨를 축 늘어뜨린 채 영식이에게 다가갔습니다.

"영식아, 혹시 이 게임기랑 자전거랑 바꾸지 않을래?"

명섭이가 혹시나 하는 마음에 물었습니다.

"바꿔 주고 싶지만 집에 게임기 가져가면 아빠한테 혼나. 인라인스케이트나 자전거는 운동하는 거라 바꿔도 좋다고 하셨거든."

영식이가 미안하다는 듯 말했습니다.

"역시 물물교환은 정말 어려워."

"맞아. 그래서 화폐가 생긴 거잖아."

명섭이가 중얼거리자 달래가 끼어들며 말했습니다.

'불난 데 부채질하는 거야?'

명섭이는 속이 부글부글 끓었지만, 달래의 웃는 얼굴에 웃음을 보태 주었습니다.

시장에서 가격이 정해져요

물물교환, 바꿔 써서 즐거워

학교에서 알뜰 시장이 열렸다. 그래서 아이들이 책, 옷, 장난감 등 자신이 쓰던 물건을 가져와 물물교환을 했다. 하지만 물건의 가치를 정하기 어렵고 서로의 요구 조건이 맞지 않아 물물교환하는 데 어려움이 많았다.

물건을 사고파는 시장

옛날에는 필요한 물건을 구하기 위해서는 물건이 나는 곳을 일일이 찾아다녀야 했다. 이러한 불편을 없애기 위해 물건을 팔려는 사람과 사려는 사람을 서로 연결해 주는 장소로 시장이 필요하게 되었다. 시장에서는 자유로운 경쟁을 통해 가격이 형성된다.

가격은 어떻게 결정될까?

물건을 사고파는 과정에서 수요와 공급에 따라 가격이 결정된다. 필요한 사람(수요)이 일정할 때 물건(공급)이 많아지면 물건 가격이 내려가고 물건이 적어지면 가격은 올라간다. 만약 가격이 내려가면 생산자들이 물건을 적게 만들고 가격이 올라가면 생산자는 물건을 더 많이 만들기 때문에 가격은 저절로 조절된다.

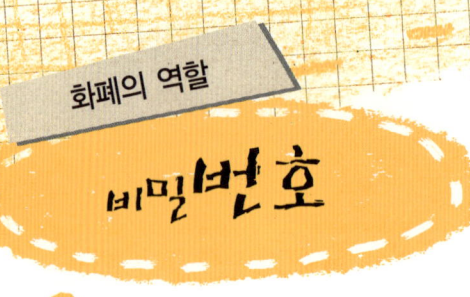

화폐의 역할

비밀번호

    집에 갈 무렵, 선생님이 명섭이에게 급식비 미납 안내문을 주었습니다. 순간 명섭이 얼굴이 빨개졌습니다.
    "엄마, 이게 뭔지 알아요?"
    명섭이는 엄마가 회사에서 돌아오자마자 벌컥 화를 내며 안내문을 보여 주었습니다.
    "미안하구나. 날짜가 벌써 그렇게 되었나? 엄마가 지금 당장 넣을게."
    "지금 당장요? 은행에 가야 하는 거 아니에요?"
    "인터넷뱅킹으로 하면 돼."
    엄마는 컴퓨터를 켜고 은행 사이트에 들어가 암호를 입력했습니다. 그러자 아빠 이름의 통장이 나타났습니다.

"이건 아빠 통장이잖아요?"

"명섭아, 아빠 돈이 엄마 돈이고 엄마 돈이 엄마 돈인 거 아직 모르니?"

엄마가 농담으로 웃으며 말했습니다.

"그럼 아빠 통장에서 급식비가 빠져나가는 거예요?"

"아니, 네 통장에서."

"제 통장이라고요?"

"응. 그래서 지금 아빠 통장에서 네 통장으로 돈을 옮기고 있는 거야."

명섭이는 인터넷뱅킹으로 송금하는 것을 신기하게 쳐다보았습니다.

엄마는 돈을 송금한 뒤 명섭이 통장을 열어 보았습니다. 명섭이 통장에는 현장 학습비, 급식비 등이 적혀 있었습니다.

"이게 제 통장이에요? 전 한 번도 본적이 없는데……."

"그거야 네가 돈을 넣는 것도 아니니까 그렇지."

"그럼 이거 제가 써도 되는 거예요?"

"왜? 네 통장을 갖고 싶어서?"

엄마가 묻자 명섭이는 고개를 끄덕였습니다.

"이건 스쿨뱅킹으로만 사용하는 게 좋아. 네가 통장을 만들고 싶다면 네 돼지 저금통을 들고 가서 만들면 돼. 아마 주민등록등본과 도장이 필요할 거야. 그리고 비밀번호도 미리 생각해 두면 좋겠지."

엄마가 인터넷으로 주민등록등본을 출력해 주었습니다. 그리고 서랍에서 명섭이 도장을 꺼내 주었습니다.

다음 날 명섭이는 새로운 통장을 만들기 위해 돼지 저금통과 주민등록등본, 도장을 들고 은행에 갔습니다. 은행원 누나가 친절하게 통장 만드는 것을 도와주었습니다.

"통장을 이용할 때 쓰는 비밀번호는 무엇으로 정할 거니? 네 자리가 되어야 해."

"0502로 할래요."

명섭이는 미리 생각해 둔 비밀번호를 말했습니다. 5월 2일은 달래 생일이었습니다.

명섭이는 통장과 현금인출카드를 받았습니다. 통장을 펼치자 '45,630원'이라는 숫자가 찍혀 있었습니다.

달래의 생일이 다가왔습니다.

"엄마, 달래 생일 선물 사게 오천 원만 주세요."

"네 친구 생일 선물 사는데 내가 왜 주니? 네 통장에서 찾아 쓰렴. 은행 문은 닫혔으니 카드로 찾아야 할 거다."

엄마의 말에 명섭이가 입을 삐죽 내밀었습니다. 명섭이는 카드를 가지고 은행에 가서 현금인출기 앞에 섰습니다. 카드를 입력하라는 말에 카드를 넣었지만 잘 되지 않았습니다.

"카드를 자꾸 거꾸로 넣는구나. 처음 사용하나 봐?"

명섭이가 고개를 돌리자 종구 형이 싱글싱글 웃으며 서 있었습니다. 종구 형도 카드를 들고 있었습니다.

"형이 웬일이에요?"

"책 살 돈을 찾으러 왔지. 그런데 돈이 조금 부족하구나. 사나이 안종구가 오천 원 때문에 책을 못 사다니!"

"은행에서 빌리면 되잖아요."

"은행은 이자를 많이 받아서 말이야. 누군가 빌려 주면 금세 갚을 수 있을 텐데."

종구 형이 명섭이 카드에 눈길을 주었습니다. 순간 명섭이가 몸을 움츠렸습니다.

'설마 나보고 빌려 달라고 하진 않겠지?'

명섭이는 더 이상 대꾸하지 않고 카드를 뒤집어 넣었습니다.

그러자 찾을 금액을 입력하라는 화면이 떴습니다. 오천 원을 누르려다가 만 원으로 손가락을 옮겼습니다. 생일 선물을 사고 남은 오천 원으로 군것질할 생각을 하니 벌써부터 군침이 돌았습니다.

"만 원."

명섭이는 중얼거리며 만 원 버튼을 꾹 눌렀습니다. 이어서 비밀번호를 입력하라는 소리가 나왔습니다.

"0502."

명섭이는 중얼거리며 숫자를 눌렀습니다. 그러자 옆에 있던 종구 형이 키득 웃었습니다. 현금인출기에서 차르르 소리가 나더니 문이 열리고 만 원이 나왔습니다.

'돼지 저금통을 뜯으면 종이돈으로 바꾸기 힘든데 참 편리하구나.'

명섭이는 돈을 들고 종구 형에게 살짝 고개를 숙여 인사를 했습니다. 그러고는 곧바로 은행을 빠져나왔습니다.

"야, 섭섭아~."

뒤에서 종구 형이 부르는 소리가 들렸습니다. 명섭이는 혹시 돈을 빌려 달라고 할까 봐 못 들은 척 쪼르르 뛰어갔습니다.

"돈은 잘 찾았니?"

집에 돌아오자 엄마가 물었습니다. 명섭이는 만 원을 꺼내 보여 주었습니다.

"카드는?"

순간 명섭이의 눈이 휘둥그레졌습니다. 명섭이는 머릿속이 하얘지는 것 같았습니다.

명섭이가 재빨리 은행으로 갔지만 카드는 보이지 않았습니다. 혹시 종구 형이 있나 살펴봤지만 없었습니다.

명섭이는 어깨를 축 늘어뜨린 채 집으로 돌아왔습니다. 그런데 집에 종구 형이 와 있었습니다.

"명섭아, 형이 네 카드를 가져왔더구나. 형 아니었으면 큰일 날 뻔했어."

엄마가 호들갑을 떨며 말했습니다.

"명섭아, 그나저나 너 카드로 돈 찾을 때 비밀번호를 너무 크게 말하더구나. 0502."

종구 형의 말에 명섭이의 얼굴이 순식간에 달아올랐습니다.

"내 추리로는 누구 생일 같은데 네 생일이냐?"

"그게 아니라 달래……."

엄마가 대답해 주려 하자 명섭이는 재빨리 엄마 입을 막았습니다.

"밤도 늦었는데 얼른 가 봐야 하는 거 아니에요?"

명섭이가 입을 뾰족 내밀며 말했습니다.

"그래. 나도 서점 문 닫히기 전에 책을 사러 가야겠다. 아, 맞다. 나 오천 원이 부족했지."

종구 형은 그제야 생각났다는 듯이 손뼉을 딱 쳤습니다.

"제 카드 가져다주었으니까 오천 원 빌려 줄게요. 어차피 오천 원만 쓸 건데 만 원 뽑아서 오천 원이 남아요."

"섭섭이에게 신세를 다 지다니. 내가 법관이 되면 10배, 아니 100배로 갚으마!"

"법관이 언제 될지 모르니까 그냥 한 달 안에 오천 원 갚으세요."

명섭이는 엄마가 바꿔 준 오천 원 두 장 가운데 한 장을 종구 형에게 내밀었습니다.

"어허, 이 형을 못 믿는구나. 내가 이번 시험에는 찰떡처럼 떡 붙을 것 같다니까."

"한 달."

명섭이는 도끼눈을 뜨고 한 달을 또박또박 발음했습니다.
"알았어, 알았어. 섭섭이가 돈 관리는 철저하네. 아무튼 고맙다!"
종구 형은 콧노래를 불렀습니다. 그리고 엄마에게 고개를 숙여 인사하고 집을 나섰습니다. 종구 형이 나가자 엄마가 명섭이에게 당부했습니다.

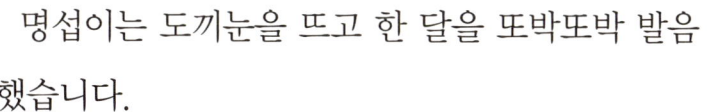

꼭 갚을게. 고맙다!

"다음부터는 돈을 찾을 때 조심해라. 알았지?"

"앞으로는 돈을 안 찾을래요."

"며칠 후면 어버이날 아니니? 여자 친구 생일은 챙겨 주고 어버이날은 그냥 넘어가겠다고? 그런 생각을 하고 있었다니 어린이날이 두렵지도 않은가 보구나?"

엄마가 섭섭하다는 듯 입을 비쭉 내밀었습니다. 하지만 명섭이가 얼굴을 굳히며 얼른 두 손을 싹싹 빌자 엄마는 웃음을 터뜨렸습니다.

돈은 물건의 가치를 평가하는 기준이에요

첫 통장이 생겼다!

은행에 돈을 맡기기 위해 '최명섭' 이름이 찍힌 통장을 만들었다. 주민등록등본, 도장을 제출하고 비밀번호를 말하면 된다. 통장을 만들면 돈을 잃어버릴 염려가 없고, 낭비하는 일도 막을 수 있다. 그리고 이자가 쌓여 더 많은 돈을 모을 수 있어서 좋다.

화폐란 무엇일까?

종이로 만든 지폐(은행권)와 금속으로 만든 주화(동전)를 합한 말로 돈이라고도 한다. 물건 대신 주고받아도 그 가치를 지니고 있도록 만든 것이므로 물건을 교환하는 수단이자 물건의 가치를 평가하는 기준으로 쓰인다. 그래서 아무나 만들 수 없다.

금융기관이 하는 일

우리나라의 금융기관은 중앙은행인 한국은행을 중심으로 일반은행, 농협, 새마을금고, 증권회사, 보험회사 등이 있다. 이곳에서는 돈을 맡아 관리해 주고, 돈이 필요한 사람에게 빌려 주기도 하며, 다른 금융기관으로 돈을 보내는 일 등을 한다.

지도 읽기
어디로 가야 할까?

달래가 생일 초대장을 주었습니다.
"이번 주 토요일에 우리 집에서 생일잔치할 건데 꼭 올 거지?"
"당연히 가야지."
명섭이가 고개를 끄덕거렸습니다. 초대장을 펼치자 날짜와 요일, 장소와 연락처 그리고 약도가 그려져 있었습니다. 약도에는 학교 정문에 출발이라는 표시가 커다랗게 쓰여 있었습니다. 명섭이는 너무 기분이 좋아 방긋 웃었습니다.

이번 주 토요일은 쉬는 날이었습니다. 명섭이는 점심시간이 가까워지자 은행에서 찾은 돈을 꺼내 들고 들뜬 기분으로 현관을 나섰습니다.

"어디 가는데?"

엄마가 물었습니다.

"달래 생일잔치예요."

"점심은 먹고 가야지?"

"거기 가서 많이 먹을 거예요."

명섭이는 뒤도 돌아보지 않고 집을 나섰습니다. 명섭이는 학교 앞 문방구에서 스티커 북을 사서 예쁘게 포장까지 했습니다.

학교 정문에 도착한 명섭이는 달래가 준 초대장을 살펴보았습니다. 학교 담장을 따라 선이 이어졌습니다. 명섭이는 학교 담장을 따라갔습니다.

학교를 벗어나자 좁은 골목길로 들어섰습니다. 가까운 동네였지만 명섭이는 처음 온 길이었습니다.

초대장에 그려진 약도에는 골목길로 이어진 선이 햇살 슈퍼에서 오른쪽 길로 향했습니다. 그리고 '햇살 슈퍼에서 약 100걸음쯤 걸으면 초록색 대문이 보임. 그곳이 우리 집'이라는 글도 쓰여 있었습니다.

'햇살 슈퍼만 찾으면 되는 거지?'

명섭이는 고개를 이리저리 돌려 햇살 슈퍼를 찾았습니다. 멀리 햇살 슈퍼가 보였습니다. 명섭이는 반가운 마음에 뛰어가다가 그만 넘어지고 말았습니다. 초대장도 떨어뜨렸습니다. 명섭이는 무릎을 툴툴 털고 일어나며 초대장을 들었습니

다. 그런데 명섭이는 초대장을 거꾸로 들어 햇살 슈퍼 왼쪽에 있는 길로 들어가고 말았습니다.

명섭이는 뛰다시피 걸었습니다. 하지만 한참을 걸어도 초록색 대문이 보이지 않았습니다.

'길을 잘못 든 걸까? 초록색 대문을 지나친 걸까?'

명섭이의 심장이 콩닥콩닥 뛰었습니다.

그때 멀지 않은 곳에 초록색 대문이 보였습니다. 명섭이는

두근거리는 가슴을 누른 채 초인종을 눌렀습니다.

"달래네 집인가요?"

"아니다."

초인종 옆에 달린 스피커로 나이 지긋한 할머니의 목소리가 들렸습니다.

"죄송합니다."

명섭이는 재빨리 골목을 벗어났습니다. 그리고 주위를 둘러보며 초록색 대문만 찾았습니다. 한참 돌아다니다 초록색 대문을 또 찾았습니다. 아까 초인종을 눌렀던 집과 비슷했습니다.

'여기 집들이 다 비슷비슷하잖아. 아까 그 집이 아닐 거야.'

명섭이는 초인종을 눌렀습니다.

"달래네 집인가요?"

"너 아까도 물어봤잖아. 장난하니?"

할머니가 목청을 돋우며 버럭 소리를 질렀습니다. 명섭이는 숨이 턱 막히는 것 같았습니다. 명섭이는 도망치듯 골목을 빠져나왔습니다. 한참을 돌아다녀서인지 다리가 아팠습니다.

'그냥 집에 갈까?'

명섭이는 다시 지도를 살펴보았습니다.

'나도 아빠 닮아서 길치인가 봐. 이럴 때 내비게이션이 있었더라면. 아니면 휴대폰이라도.'

그때 누군가 명섭이의 등을 툭 쳤습니다. 자전거를 탄 영식이었습니다. 지난번 학교 알뜰 시장 때 인라인스케이트와 바꾼 자전거가 번쩍거렸습니다. 부럽기도 하고 어쩐지 배가 아프기도 해서 대충 인사만 하고 돌아서려 했습니다.

"너도 달래 생일잔치 가?"

영식이의 손에도 생일 초대장이 들려 있었습니다.

"근데 이쪽 길이 아닌데? 명섭아, 같이 가자. 자전거 뒤에 태워 줄게."

영식이가 자기 자전거를 자랑하는 것 같아서 명섭이는 더욱 심통이 났습니다.

"됐어. 내가 길치라고 무시하는 거야?"

"뭐야, 갑자기 화를 내고."

영식이는 당황한 표정이었습니다.

"내가 알아서 갈 테니까, 넌 네 자전거 타고 쌩쌩 가라."

"약도 거꾸로 들고 있기에 도와주려고 했더니, 쳇. 그래 나 먼저 간다."

페달을 힘차게 밟으며 사라지는 영식이의 뒷모습을 바라보다가 약도를 내려다보았습니다. 영식이 말대로 약도는 거꾸로 뒤집혀 있었습니다. 도와주려고 했던 영식이에게 너무한 것 같아 명섭이는 미안한 마음이 들었습니다.

"얼른 가서 영식이한테 사과해야겠다. 학교부터 차근차근 다시 시작하자."

명섭이가 고개를 돌리자 멀리 학교 건물이 보였습니다. 명섭이는 학교 정문에서 다시 출발했습니다. 햇살 슈퍼까지 잘 찾아왔습니다.

'어? 이 갈림길에서 오른쪽이네?'

그제야 명섭이의 머리가 환해지는 것 같았습니다. 명섭이는 다시 두근대는 마음으로 골목길을 따라 갔습니다. 100걸음쯤 걸어가자 초록색 대문이 보였습니다. 그리고 그 앞에 영식이가 자전거를 세운 채 서 있었습니다.

"제대로 찾아왔네."

영식이는 툴툴거리는 목소리로 말했지만, 얼굴은 반가워 보였습니다. 명섭이는 영식이가 자신을 기다리고 있었다는 것을 깨달았습니다. 눈물이 찔끔 나려는 것을 꾹 참았습니다.

"영식아, 진짜 진짜 미안해. 네 자전거가 샘나서 그랬어."
그때 대문이 열리면서 달래가 얼굴을 빼꼼히 내밀었습니다.
"명섭아, 영식아, 왜 이렇게 늦었어? 안 오는 줄 알았잖아."
"내가 길을 잃었는데, 명섭이가 알려 주었어."
명섭이가 말하기도 전에 영식이가 얼른 입을 열었습니다. 그러고는 명섭이를 돌아보며 씩 웃었습니다. 명섭이도 씩 웃으려는데, 배에서 꼬르륵 소리가 우렁차게 났습니다.
달래는 얼른 명섭이와 영식이의 손을 이끌고 집으로 들어갔습니다. 먼저 와 있던 친구들이 반겨 주었습니다. 명섭이는 달래가 준 피자와 치킨을 맛있게 먹었습니다.
"우리 노래방에 갈까?"
"그래, 좋아."
달래의 말에 아이들이 환호성을 지르며 좋아했습니다. 달래는 아이들을 이끌고 골목 위쪽으로 향했습니다. 명섭이는 집과 점점 반대 방향으로 가는 것 같아 불안했습니다.
'이따가 집은 제대로 찾아갈 수 있을까?'
명섭이는 자꾸 뒤를 돌아다보았습니다.
"왜? 무슨 걱정이라도 있어? 노래 시킬까 봐 그래? 너 음치

인 거 아니까 걱정하지 마."

"아냐. 그게 아니라……."

'지금은 음치보다 길치가 되는 게 더 무섭거든.'

명섭이는 차마 달래에게 속마음을 털어놓지 못했습니다. 명섭이는 벌써부터 집에 돌아갈 수 있을지 슬슬 걱정이 되었습니다.

섭이 신문 5호

지도는 땅 위의 여러 현상을 나타낸 그림이에요

우리 집은 어디에 있을까?

우리 집 약도를 만들었다. 먼저 누구나 찾기 쉬운 학교를 중심으로 큰 길을 그리고 방위를 표시했다. 그 뒤 큰길 가에 있는 우체국과 빌딩 등 큰 건물을 표시한 다음 그 뒷골목에 있는 우리 집을 그려 넣었다. 지도를 보면 말로 설명하는 것보다 더 쉽게 위치를 파악할 수 있다.

지도란 무엇일까?

지도는 땅 위에서 일어나는 여러 현상을 축척, 방위, 일정한 기호, 문자, 색 등을 사용해 나타낸 땅 그림이다. 도로나 철도 등의 길을 알아볼 때, 시설물의 위치나, 산과 강, 관광지나 행정구역을 찾을 때 지도를 많이 이용한다.

여러 가지 지도

강, 평야, 산 등 일반적인 사항을 종합적으로 그려 놓으며 행정구역과 교통망 등을 나타낸 전국지도 등을 일반도라고 한다. 그리고 인구나 기후 등 특수한 내용을 중점적으로 나타낸 지도를 주제도라고 한다. 그밖에도 항공도, 해도 등 특수한 목적으로 사용되는 특수도 있다.

지도를 알면 보물이 와르르!

위의 그림 지도를 보고 기호, 방위를 이용해 보물을 찾아보자.

① 지도의 북서쪽에 있는 광산에서 출발해 폭포를 지나 기차역으로 간다.
② 기차역의 남동쪽에 있는 공장으로 간 다음, 동쪽의 다리를 건너 병원으로 간다.
③ 병원에서 북동쪽에 있는 학교에 도착해 남동쪽으로 가면 공항이 나온다.
④ 공항의 남서쪽에 있는 우체국을 지나 과수원으로 간다.
⑤ 과수원에서 남쪽에 있는 절을 지나면 성벽이 있다.
⑥ 성벽 안에 있는 명승지에 보물이 있다.

기호	이름	기호	이름
┼┼┼┼┼┼┼	철도	⊞	병원·보건소
	고속국도	▲ · ▲	산·화산
◎	군청	— · —	항공로·항로
☀ · ⛰	국립·도립공원	✈	비행장
卍 · 卉	사찰·능묘	⌐⌐ · ⎍⎍	성·성벽
♨	온천	⬭	호수
논논논	논	⬭	댐
밭밭밭	밭	⋯	폭포
○ ○	과수원	⛏	광산
⚑	학교	∴	명승·고적
✕ · ⚘	우체국	⋈	다리
Y	소방서	⚓	항구
✲	공장	✸ · ✸	등대

저 기호는 무엇일까?

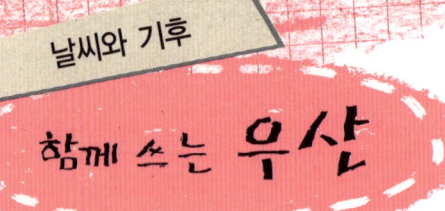

날씨와 기후
함께 쓰는 우산

명섭이는 아침부터 현장학습 준비물을 챙기느라 정신이 없었습니다.

"멀미약, 돗자리, 도시락, 물, 간식……."

명섭이가 중얼거리며 가방을 챙길 때 아빠가 텔레비전을 켰습니다. 일기예보가 시작되었습니다. 아나운서는 비옷을 입고 있었습니다.

"남해상에 위치한 장마전선의 영향으로 오후부터는 전국적으로 흐리고 비가 오겠습니다. 강수 확률은 50에서 70퍼센트입니다. 모든 바다의 물결은 최고 2.5미터로 조금 높게 일겠습니다."

명섭이가 고개를 갸웃거렸습니다.

"왜 일기예보에서 바다의 파도 높이까지 말해 주는 거예요? 바다에 갈 일도 없는데……."

"물론 너야 바다에 갈 일이 없지. 하지만 지금 이 순간에도 바다에서 고기를 잡거나 여행을 하거나 배로 사람이나 물건을 운반하는 일을 하는 사람들이 많단다. 그 사람들에게는 일기예보가 생활하는 데 가장 필요한 정보라고 할 수 있지."

아빠가 대답해 주었습니다. 그러고는 유리창 밖으로 하늘을 올려다보더니 고개를 저었습니다.

"하늘에 구름 한 조각 걸려 있지 않아. 요즘 일기예보가 정확하게 들어맞는 걸 보지 못했어. 역시 미래를 예측하기란 힘든 거야."

"물론 다섯 번 정도 예측하면 한 번은 빗나갈 수 있지만 일기예보가 틀린 날보다는 맞는 날이 더 많잖아요. 그러니까 우산 가져가세요."

"지난번에도 하루 종일 우산을 들고 다녔지만 비가 안 왔어. 오늘도 그럴 것 같아."

아빠는 결국 우산을 가지고 나가지 않았습니다. 엄마가 명섭이 가방에 우산을 넣어 주었습니다. 그러자 명섭이도 우산을 뺐습니다.

"저도 우산을 안 가져갈래요. 무겁고 귀찮기만 해요."

명섭이는 쪼르르 집을 나섰습니다.

명섭이 학년은 민속촌에 도착한 뒤 선생님을 따라 둘러보기 시작했습니다.

"여기는 넓은 대청마루가 있는 남부 지방의 집이에요. 그리고 저곳은 북부 지방의 집인데 추위를 막아 내기 위해 바람이 잘 통하지 않도록 만든 'ㅁ'자형이지요."

선생님은 아이들에게 하나라도 더 알려 주려고 큰 목소리로 이야기했습니다.

"이곳은 나무로 지붕을 만든 강원도의 너와집이에요. 그리고 저곳은 바람에 지붕이 날아가지 않게 새를 그물처럼 엮어 매거나 돌을 단 제주도의 집이지요. 이렇게 기후와 자연환경에 따라 집의 모양이 다르답니다."

아이들은 신기해 하며 선생님의 말에 귀를 기울였습니다.

관아 앞에 도착했습니다. 문 왼쪽에 죄지은 사람의 얼굴과 죄가 적혀 있는 방이 붙어 있었습니다.

"애들아, 저거 볼이 통통한 게 명섭이 닮지 않았나?"

재범이의 말에 아이들이 까르르 웃었습니다. 명섭이는 입을 실룩거렸습니다.

관아에 들어서자 아이들은 서로 곤장을 맞거나 때리는 시늉을 했습니다.

점심시간이 지난 뒤에는 공연장에서 농악놀이와 줄타기 공연을 보았습니다. 그리고 단체 사진을 찍고 돌아갈 준비를 했습니다. 그때부터 멀리서 먹구름이 몰려오는가 싶더니 금세 날씨가 흐려졌습니다.

"야! 지렁이다."

상철이가 땅바닥을 보고 소리쳤습니다.

"지렁이가 땅 밖으로 나오면 비가 온대."

달래가 중얼거렸습니다.

"그래? 정말 비가 올 것 같은데?"

"나는 우산 가져와서 걱정 없어."

아이들이 하나 둘 우산을 꺼내기 시작했습니다.

'설마 비가 오겠어?

흐리기만 할 거야.'

명섭이도 슬슬 걱정이 되어 자꾸 하늘을 올려다보게 되었습니다. 그런데 명섭이는 갑자기 속이 좋지 않았습니다. 선생님은 차에 타기 전에 화장실에 들르라고 말했습니다. 명섭이는 급히 화장실로 뛰어갔습니다. 화장실에 들어가 쪼그려 앉아 있는 순간 후두둑 빗소리가 들렸습니다.

"비 온다!"

아이들이 호들갑 떠는 소리가 들렸습니다. 빗소리는 더욱 거세졌습니다. 명섭이는 걱정 때문에 볼일도 제대로 보지 못했습니다.

아이들이 모두 밖으로 나갔는지 화장실이 조용해졌습니다.

'설마 다 가 버린 건 아니겠지? 누군가 있을 거야.'

"쏴아! 쏴아!"

빗소리가 더욱 거세지자 명섭이는 재빨리 화장실을 나왔습니다. 화장실에는 아무도 없었습니다. 아이들은 저만치서 우산을 쓰고 삼삼오오 짝을 지어 선생님을 따라가고 있었습니다.

'어떡하지?'

명섭이는 발을 동동 굴렀습니다.

'아빠 말을 듣는 게 아니었는데.'
뒤늦게 후회해 보았지만 아무 소용없었습니다.
아이들이 정문을 나서고 있는 게 보였습니다.
명섭이는 가방을 머리 위에 올리고 빗속을 뛰어서 정문까지 달려갔습니다. 정문에서 아이들을 만났을 때 명섭이는 온몸이 쫄딱 젖어 있었습니다.

"명섭아, 우산 안 가져왔었니?"

달래가 걱정스러운 표정으로 명섭이에게 우산을 씌워 주었습니다. 그리고 버스가 있는 곳까지 함께 갔습니다. 명섭이의 귀에는 우산에 떨어지는 빗방울 소리가 음악처럼 들렸습니다.

'달래야, 고마워. 앞으로는 내가 너의 우산이 되어 줄게.'
명섭이가 달래의 얼굴을 빤히 쳐다보며 생각했습니다.
"왜? 내 얼굴에 뭐가 묻었어?"
"아냐. 아무것도."
달래가 묻자 명섭이는 싱겁게 웃으며 고개를 저었습니다.

섭이 신문 6호

날씨와 기후는 생활에 많은 영향을 끼쳐요

현장학습을 다녀왔어요

우리 학교 4학년 학생들이 민속촌으로 현장학습을 다녀왔다. 민속촌에서 남부, 중부, 북부 지방의 집 구조 모형을 구경했다. 집 구조는 모두 달랐는데, 각 지방은 기후와 자연환경에 따라 집을 지었기 때문이다.

하루하루의 대기 상태

날씨란 하루하루의 비, 구름, 바람, 기온 등의 대기 상태이다. 이러한 날씨는 옛날이나 지금이나 사람이 살아가는 데 많은 영향을 끼친다. 하지만 시시각각 변하는 날씨를 미리 정확하게 아는 것은 어렵다.

평균적인 자연현상

기후는 일정한 지역에서 오랜 기간 동안 나타난 비, 구름, 바람, 기온 따위의 평균적인 자연현상이다. 이러한 기후 때문에 지역마다 옷의 모양과 재료, 음식의 짠맛, 집의 형태, 농사 방법 등 생활에 많은 차이가 생겼다. 우리나라 기상청에서는 지난 30년간의 조사 자료를 통해 한 지역의 평균 기온과 강수량을 발표하는데, 이 자료로 지역별 기후의 특징을 알 수 있다.

촌락과 도시

상추가 내 똥 먹었어

일요일에 명섭이는 아빠와 함께 아빠 친구가 계시는 시골에 갔습니다. 아빠 친구는 아빠와 같은 대학을 나와 원래 서울에서 직장을 다녔습니다. 그러다가 고향에 내려가 '신지식 농업인'이 되었다고 했습니다.

차를 타고 포장이 안 된 길을 한참 가자 외딴집이 보였습니다. 집 주위에는 논과 밭이 펼쳐져 있었습니다. 논에는 초록 벼가 자라고 있었고 밭에는 온갖 채소가 자라고 있었습니다.

아빠는 차에서 내리자마자 양팔을 벌려 공기를 한껏 들이마셨습니다.

"역시 서울하고는 공기부터 다르군. 이런 공기는 보약이나 다름없어."

아빠 친구가 나와서 아빠와 명섭이를 반갑게 맞아 주고 논과 밭을 안내해 주었습니다.

"저건 고추 꽃이고 저건 감자 꽃이란다."

"감자 꽃이 너무 예뻐요. 감자하고는 전혀 다른데요? 히히."

명섭이가 감자 꽃을 가까이 보며 말했습니다. 밭에는 가지, 방울토마토 등이 주렁주렁 열렸습니다.

뽕나무밭에 들어갔습니다.

"이건 오디잖아? 이게 얼마 만이야? 서울에서는 이런 거 구경도 못 하는데……."

"농약을 치지 않았으니까 그냥 먹어도 돼."

아저씨의 말에 아빠는 뽕나무에 달린 까만 열매를 따서 입에 넣었습니다. 명섭이도 아빠를 따라 오디를 따 먹었습니다. 단맛이 났습니다. 몇 개 따 먹었더니 어느새 손가락에 보라색 물이 들었습니다.

뽕나무밭 옆에는 빨간 열매가 달린 나무들도 있었습니다.

"저건 보리수라고 하는 나무야. 저것도 따 먹어 봐. 맛있어."

아저씨의 말에 아빠와 명섭이는 보리수 열매도 따 먹었습니다.

아빠와 명섭이는 논으로 향했습니다. 넓은 논에는 초록빛 벼가 자라고 있었습니다.

"꽥! 꽥!"

논 사이사이에서 오리들이 돌아다니고 있었습니다. 뒤뚱뒤뚱 걷고 있는 모습이 슬리퍼를 끌면서 어기적거리는 종구 형을 똑 닮아서 명섭이는 실실 웃음이 나왔습니다.

"왜 오리들이 돌아다니는 거예요?"

"응. 벼 사이사이에 피나 방동사니, 여뀌 등의 잡초가 자라는데 오리들이 그런 것들을 먹어 치운단다. 뿐만 아니라 벼에 해로운 벌레들도 잡아먹지. 그러면 농약을 안 쳐도 돼. 이

런 것을 '오리 농법'이라고 한단다. 그리고 논바닥을 자세히 보면 우렁이가 보일 거야. 우렁이도 잡초를 먹어 치우지."

명섭이가 쪼그려 앉아 논바닥을 보자 여기저기 굵은 우렁이들이 돌아다니는 것이 보였습니다.

논을 지나자 닭장이 보였습니다. 그런데 닭장이 무척 넓었습니다.

"여기서는 닭들을 풀어놓고 키워. 그래야 품질이 좋은 닭고기가 되거든."

"이 모든 걸 혼자 다하는 거야?"

"그래. 처음에는 너무 어려웠지만 이제는 눈감고도 할 수 있게 되었어."

아빠의 말에 아저씨가 환하게 웃으며 말했습니다.

"점심 때 오리 바비큐를 해 먹을 건데 밭에 가서 상추나 뜯어 볼까?"

아빠와 명섭이는 집 근처에 있는 상추밭으로 자리를 옮겼습니다.

그때 명섭이가 아랫배를 움켜쥐었습니다.

"저, 화장실 좀 갔다 올게요."

"화장실? 저기 창고 옆에 있긴 한데……."

아저씨 말이 끝나기도 전에 명섭이는 배에 힘을 주고 창고 옆의 화장실로 뛰어갔습니다. 그런데 화장실 문을 열자 똥 냄새가 코를 찔렀습니다. 똥이 그대로 있는 재래식 화장실이었습니다.

명섭이는 코를 쥐어 막고 자리에 쪼그려 앉았지만 똥이 잘 나오지 않았습니다. 파리들도 윙윙거리며 명섭이 몸에 자꾸 달라붙었습니다. 명섭이는 결국 일을 보지 못하고 밖으로 나오고 말았습니다.

"그래. 시원하게 일 봤니?"

"냄새가 너무 고약하고 파리도 많고 해서 그냥 나왔어요."

아빠가 묻자 명섭이는 고개를 저었습니다. 아빠와 아저씨가 배시시 웃었습니다.

"여긴 상수 보호 구역이라 화장실을 만들 수 없단다. 그래서 저렇게 사용하는 거야."

"그게 더 더럽지 않나요?"

그러자 아저씨가 씩 웃었습니다.

"다 거름이 되는걸?"

명섭이는 배가 더 아픈지 배를 꼭 움켜쥐었습니다.

"여기 상추밭 옆에서 그냥 일을 보렴. 주위에 아무도 없으니까 걱정 말고."

명섭이는 아저씨 말대로 상추밭 한 귀퉁이에 쪼그려 앉아 똥을 누었습니다. 화장지로 닦고 일어서자 속이 시원했습니다. 그런데 아저씨가 삽을 들고 왔습니다.

"이건 내가 상추들 비료로 줄게."

아저씨가 명섭이 똥을 삽으로 퍼서 상추밭에 뿌렸습니다. 순간 명섭이의 이맛살이 찌푸려졌습니다.

"윽~. 나 이제부터 상추 안 먹을 거예요."

명섭이 말에 아빠와 아저씨는 배꼽을 쥐고 웃었습니다. 명섭이는 정말로 오리 바비큐를 먹을 때 상추는 하나도 먹지 않았습니다.
　오후 늦게 아저씨 집을 나섰습니다. 아저씨는 고추와 상추, 깻잎, 오디 등을 잔뜩 싸 주었습니다.
　"이렇게 얻어 가기만 해도 되는지 모르겠군."
　아빠가 아저씨에게 미안하다고 하면서도 주는 대로 다 차에 실었습니다.
　집에 돌아오자 엄마는 명섭이가 가져온 상추를 씻고 삼겹살을 구웠습니다. 하지만 명섭이는 상추를 먹지 않았습니다.
　"왜 상추를 안 먹니?"
　엄마가 묻자 아빠가 낮에 있었던 일을 이야기해 주었습니다.
　"우리 명섭이 똥 먹은 상추 가져오면 엄마는 잘 씻어서 맛있게 먹을 텐데."
　엄마가 아무렇지도 않게 이야기했습니다.
　"욱~."
　명섭이가 토하는 시늉을 내자 아빠와 엄마는 깔깔깔 웃었습니다.

촌락과 도시는 서로 도우면서 살아요

농촌 체험을 했어요

지난 주말에 아빠와 함께 아빠 친구 집에 가서 농촌 체험을 했다. 그곳에서 농촌의 모습을 잘 살펴볼 수 있었고, 고추와 상추 등을 따며 농부들의 수확하는 기쁨을 느낄 수 있었다.

농촌에서부터 도시까지

옛날 사람들은 지형이나 기후에 따라 살기 편한 곳에 모여 살았다. 농촌은 들 가운데나 시냇가 근처에, 산촌은 산으로 둘러싸인 산골짜기의 평평한 곳이나 산길에, 어촌은 바다가 육지 깊숙이 들어와 배가 닿기 알맞은 곳에 모여 살아 고장을 이루었다. 도시는 사람이 많이 살고 정치·경제·문화의 중심이 되는 곳이다.

촌락과 도시는 어떤 도움을 주고받나요?

촌락에서 생산되는 쌀이나 채소, 생선 등이 도시로 보내지고, 도시에서 만든 공산품이나 생활용품이 촌락으로 보내진다. 촌락과 도시는 서로 도우면서 부족한 점을 채워 준다. 그러므로 촌락과 도시는 함께 발전해야 한다.

통계와 도표
찌그러진 성적표

  1학기 기말고사가 다가왔습니다. 시험이 시작되자 명섭이는 눈앞이 깜깜해졌습니다. 말 그대로 하얀 것은 종이, 검은 것은 글씨였습니다. 분명 어젯밤에 외웠는데 하나도 생각이 나지 않았습니다. 그나마 자신 있는 사회 과목은 괜찮았습니다.

  슬쩍 곁눈질로 주위를 훑어보니 다들 열심히 문제를 풀고 있었습니다. 그때 도르르 연필 굴리는 소리에 옆을 쳐다보았습니다. 재범이가 연필을 굴리면서 문제를 풀고 있었습니다. 명섭이는 자기처럼 공부를 안 한 재범이를 보며 히죽 웃었습니다. 명섭이는 다음 시험 때는 꼭 미리 공부하기로 다짐했습니다.

시험이 끝난 다음 날, 학교에서 도로 교통 안전 교육이 있었습니다. 그래서 4학년 모두 강당에 모였습니다.

멋진 제복을 입은 경찰 아저씨가 와서 횡단보도 건너는 요령을 알려 주었습니다.

"녹색불이 깜빡거릴 때는 뛰어 건너지 말아야 해요."

아이들은 다 아는 내용이라며 귀를 기울이지 않고 소란스러웠습니다.

"우린 4학년이라 그런 거 다 아는데요."

맨 앞자리에 앉아 있던 명섭이가 중얼거렸습니다. 그러자 경

찰 아저씨가 명섭이를 보고 씩 웃었습니다.

"그러면 혹시 한 해에 얼마나 많은 어린이가 교통사고로 목숨을 잃는지 알고 있나요?"

경찰 아저씨가 묻자 명섭이는 고개를 갸웃거렸습니다. 경찰 아저씨는 아이들을 휘 둘러보았습니다.

"2008년도 통계청에서 발표한 수치를 보면 한 해에 무려 259명의 어린이가 교통사고로 목숨을 잃었어요."

알아요!

경찰 아저씨의 말이 끝나자 아이들은 깜짝 놀란 듯 서로의 얼굴을 바라보았습니다.

'259명이면 1년이 365일이니까…….'

명섭이는 머릿속에서 계산을 해 보았습니다.

"정말이에요? 다친 어린이까지 포함된 건가요?"

한 아이가 묻자 경찰 아저씨가 고개를 저었습니다. 순간 아이들은 숨을 죽이고 경찰 아저씨의 이야기에 귀를 기울였습니다.

"교통사고로 사망한 어린이들의 경우 절반 이상이 집과 학교 근처의 횡단보도를 걷는 중에 사고가 난 거예요. 그러면 어떤 시간대에 사고가 가장 많이 났는지 알고 있나요?"

경찰 아저씨의 물음에 다들 고개만 저을 뿐이었습니다.

"통계청의 통계를 살펴보니 오후 4시에서 6시 사이에 사고가 가장 많이 일어난 걸 알 수 있었어요. 그 시간은 학교를 마치고 친구들과 어울려 집에 가거나 학원에 가는 시간이지요. 그래서 그 시간에 더 조심해야 하는 거예요. 그리고 자기가 횡단보도 건너는 법을 알고 있다고 해서 방심하는 것이 가장 위험하답니다."

경찰 아저씨는 힘주어 다음 말을 이었습니다.

"우리 어른들은 어린이 여러분들이 안전하게 다닐 수 있는 길을 만들도록 힘쓸 테니까 여러분들도 항상 안전에 주의하며 다니세요."

경찰 아저씨의 말이 끝나자 우레와 같은 박수 소리가 울려 퍼졌습니다.

며칠 뒤에 시험 결과가 나왔습니다. 각 과목별로 점수도 기록되어 있었고 오각형의 표도 그려져 있었습니다.

오각형의 꼭짓점에는 국어, 수학, 사회, 과학, 영어 등 다섯 과목이 적혀 있었습니다. 그리고 빨간색의 오각형과 검정색의 오각형이 그려져 있었습니다.

명섭이가 자신의 시험 결과를 살펴보았습니다. 빨간색의 선은 정오각형 모양인데, 검정색의 선은 사회 쪽으로는 퍼지고 다른 과목은 좁혀 있어 많이 찌그러진 오각형이었습니다.

"이번 시험 결과는 그래프를 통해 한눈에 어떤 과목을 잘하고 못하는지 알 수 있게 했어요. 빨간색 오각형은 우리 학년 평균이에요. 그리고 검은색 오각형은 자기 성적이지요. 그래서 표만 봐도 자신이 어떤 과목이 평균보다 높고 낮은지 금세 알 수 있을 거예요."

선생님의 설명에 다시 한 번 성적표를 살펴보았습니다. 명섭이는 재빨리 사회 쪽만 뾰족하고 나머지는 잔뜩 찌그러진 그래프를 손으로 가렸습니다.

"검은 오각형이 크고 넓게 퍼질수록 시험을 잘 본 거죠?"

상철이가 물었습니다. 은근히 자기 성적을 자랑하는 것 같았습니다.

명섭이는 슬쩍 달래의 성적표를 보았습니다. 달래는 오각형이 꽉 차 보였습니다. 전 과목이 거의 100점을 맞은 것 같았습니다.

쉬는 시간이었습니다.

"명섭아, 우리 성적표 바꿔 볼까?"

"싫어. 보나마나 넌 못 봤을 텐데 뭐. 전혀 궁금하지 않거든."

재범이의 말에 명섭이가 톡 쏘아붙이듯 대답했습니다. 그러자 재범이가 씩씩거렸습니다.

"그래? 그러는 넌 얼마나

잘 봤는데?"

순식간에 재범이가 명섭이의 성적표를 빼앗았습니다. 그리고 교실 뒤로 톡 튀듯 도망쳤습니다.

"이게 뭐야? 찌그러졌잖아. 오각형이 아니라 완전히 화살촉이네, 뭐."

재범이가 큰 소리로 떠들었습니다. 그러자 아이들이 깔깔깔 웃었습니다.

"야, 안 내놔?"

명섭이가 다가가자 재범이는 다 봤다는 듯 명섭이의 성적표를 확 집어던졌습니다.

명섭이는 화가 나서 재범이의 몸을 붙잡았습니다. 그리고 재범이의 성적표를 빼앗았습니다. 재범이의 오각형은 무척 작았습니다.

"내가 이럴 줄 알았어. 이게 뭐냐? 완전히 쪼그라든 좁쌀 모양이네."

명섭이는 아이들 모두 들으라는 듯 소리를 버럭 질렀습니다.

"뭐? 좁쌀?"

재범이가 씩씩거리며 달려드는 바람에 재범이와 명섭이는 순식간에 뒤엉켰습니다. 서로 몸을 꽉 붙잡고 레슬링을 하는

것 같았습니다.

 결국 명섭이와 재범이는 학급 규칙대로 남아서 교실 청소를 했습니다. 청소를 마치고 명섭이와 재범이가 달래와 함께 집에 갔습니다.

 "너희들 표정이 성적표하고 똑같다. 찌푸린 표정, 똥 씹은 표정. 얼굴 좀 펴라. 행복은 성적순이 아니잖아. 그런 표정을 짓고 있으면 오려던 복도 다시 달아나겠다."

 달래의 말에 명섭이와 재범이가 서로의 얼굴을 바라보았습니다. 명섭이와 재범이는 서로 얼굴을 보더니 씩 웃었습니다.

 "친구끼리 싸웠을 때 선생님께 야단맞지 않는 확률은 얼마나 될까?"

 "그야, 제로가 아닐까?"

 아이들은 서로 웃으며 집으로 향했습니다.

통계로 미래의 일을 예측할 수 있어요

시험을 치렀어요

학교에서 1학기 기말고사를 실시했다. 아이들은 진지한 자세로 눈을 감고 생각하거나 연필 소리를 내며 시험문제를 풀었다. 며칠 뒤 그래프로 나타난 시험 결과는 어떤 과목이 부족한지 쉽게 알 수 있어 자신의 실력을 점검하고 분석하는 데 도움이 되었다.

한눈에 알아보기 쉬운 숫자와 그림

통계란 어떤 현상을 종합적으로 한눈에 알아보기 쉽게 일정한 체계에 따라 숫자로 나타낸 것을 말한다. 그리고 막대 그래프, 원 그래프, 띠 그래프 등의 다양한 도표를 이용하면 통계를 보기 쉽다.

통계를 어떻게 이용할까?

하나의 자료는 잘 알 수 없지만 많은 자료를 합해 통계를 만들면 다음에 일어나는 일을 예측할 수 있게 된다. 그래서 국가나 회사에서 계획을 세울 때 통계를 이용한다. 이러한 통계 자료에는 인구, 국토 면적, 평균 기온, 국민소득, 학생 수 등 여러 가지가 있다.

통신과 정보화 시대

난 네가 인터넷에서 한 일을 알고 있다

 "얘들아, 내가 우리 반 카페를 만들었어. 카페 이름은 우리 반 이름을 따서 '달님 아이들'이야. 많이 들어와. 내가 날마다 알림장이나 우리 반 소식도 올려놓고 공부에 필요한 정보 등도 많이 올려놓을게."
 달래가 친구들에게 인터넷 카페 주소를 알려 주었습니다. 명섭이도 그 주소를 적었습니다.
 "달래야, 네가 카페지기잖아? 그럼 나 운영자 시켜 주라. 응? 운영자는 몇 명이어도 상관없잖아. 응?"
 명섭이가 졸졸 따라다니며 졸라 대자 달래는 하는 수 없이 고개를 끄덕였습니다.

사회야 사회야 나 좀 도와줘

명섭이는 집에 오자마자 달래가 만든 카페에 들어갔습니다.
우선 친구 연락처 방에 연락처와 이메일 주소를 남겼습니다.
그리고 한 줄 메모장에 들어가 글을 남겼습니다.
 '방가^^ 방가^^ 나 명섭이야. 자주 올게.'
저녁이 되자 몇몇 아이들도 들어와 글을 남겼습니다.

다음 날 점심시간에 교실이 시끄러웠습니다. 어쩐 일인지 평소에 얌전했던 수영이가 교실 바닥에 앉아 큰 소리로 울고 있었습니다. 수영이의 무릎은 교실 바닥에 긁혔는지 상처에서 피가 났습니다. 민준이의 발에 걸려 넘어졌기 때문입니다.

"난 그냥 다리 뻗고 있었는데, 넘어진 건 수영이야."

민준이는 아무 잘못이 없다는 듯 입을 비죽거렸습니다.

"그래도 수영이가 상처가 났는데, 어서 보건실에 데리고 가야 하는 거 아냐?"

달래가 한마디 했습니다.

"네가 무슨 참견이야?"

민준이가 입을 뾰족 내밀었습니다.

"야, 그걸 말이라고 하냐? 다치게 하고선 가만히 있으면 어떡해."

"맞아. 사과도 안 하고."

아이들이 달래 옆에 서서 민준이를 쏘아붙였습니다. 달래는 수영이를 데리고 보건실에 갔습니다. 그러자 민준이는 무시당했다는 생각에 아이들을 째려보며 자기 자리에 앉았습니다.

그날 카페에 이상한 글이 올라왔습니다.

'이 글을 읽고 아래 내용을 4일 안에 40명에게 보내지 않으면 평생 재수가 없을 것이다.'

명섭이는 고개를 갸웃거리며 글을 쓴 '깐율장군'이라는 닉네임을 클릭해 보았습니다. 아무 정보가 보이지 않았습니다.

다음 날 카페에 최신 음악이 올라와 있었습니다. '은탑'이라는 닉네임이 올린 음악이었습니다. 잠시 후에 음악이 지워지고 달래의 글이 올라왔습니다.

'불법으로 음악을 올리면 지적재산권 침해로 카페지기가 처벌을 받으니 올리지 마세요.'

명섭이는 '은탑'이라는 닉네임을 클릭해 보았지만 이번에도 아무 정보가 없었습니다.

이상한 글은 매일 이어졌습니다.

'회장도 아니고 겨우 부회장 주제에 우리 반 카페를 왜 만드는 거냐? 재수 없어.'

'공주병 진달래. 잘난 체하지 마라.'

'이름이 진달래가 뭐냐? 산에서 진짜 진달래가 웃겠다.'

'ㄴㅐㄱㅏ 누굴까?'

이번에는 '푸하핫'이라는 닉네임으로 올라와 있었지만 아무 정보도 알 수 없었습니다.

그때 초인종이 울렸습니다. 종구 형이었습니다.

"어머니 아직 안 오셨니? 인터넷 쇼핑몰에서 냄비를 샀는데 서비스로 하나 더 온 거 준다고 하셨거든. 그런데 너 게임하고 있었니?"

"아니오. 카페에 이상한 글들이 자꾸 올라와서요."

"이상한 글?"

종구 형은 컴퓨터 앞에 턱 앉아 '달님 아이들' 카페를 둘러보았습니다.

"누군가 일부러 이름을 바꿔 가며 가입했다가 글만 남기고 탈퇴했군. 하지만 아이피(IP)라는 발자국이 있으니까 어디에서 썼는지 알아볼 수 있어."

"정말이에요?"

"그럼."

종구 형은 카페 글에서 200.8.***.91 이라는 숫자를 찾았습니다. 명섭이의 눈이 반짝거렸습니다.

"이게 아이피라는 거야. 인터넷상의 주민등록번호라고 할 수 있지."

종구 형은 능숙하게 인터넷에 접속했습니다. 그리고 한 사이트에 들어가 아이피 검색기를 클릭한 뒤 카페 글에 있던 아이피를 입력했습니다. 명섭이 동네에 있는 소라 아파트가 주소로 나타났습니다.

"이 근처 아파트구나. 내가 할 수 있는 건 여기까지야. 더 정확한 주소나 개인 정보는 경찰에 신고해야만 알 수 있지."

'소라 아파트? 그렇다면 혹시 민준이?'

소라 아파트는 민준이가 살고 있는 아파트였습니다. 명섭이의 입가에 미소가 걸렸습니다.

"그런데 형은 고시 공부는 안 하고 컴퓨터만 하고 지낸 거 아니에요?"

"촌스럽게 책으로만 공부하는 시대는 지났지. 요즘은 인터넷 강의를 들으며 공부하고 있어. 이번에 새로 업데이트된 민법 강의가 그렇게 재밌더라. 너도 한번 볼래?"

"아니에요. 됐어요. 이따 엄마 오면 제가 냄비 갖다 드릴게요. 어서 가세요."

명섭이는 조금 더 같이 있다가는 저번처럼 이해도 안 되는 법 이야기를 몇 시간씩 들을 것 같아 종구 형을 떠밀었습니다.

2008. **. 16.

난 네가 인터넷에서 한 일을 알고 있다

다음 날, 명섭이는 민준이 근처에서 친구들에게 은근슬쩍 말을 흘렸습니다.

"요즘 카페에 이상한 글이 올라와서 내가 아이피를 추적했더니 소라 아파트라고 나오는 거야."

명섭이 이야기를 듣고 있던 민준이의 얼굴이 빨개졌습니다. 명섭이는 그 모습을 보고 씩 웃었습니다.

집에 가는 길에 명섭이가 민준이의 뒤를 따라갔습니다.

"민준아, 내게 뭐 할 말 없니?"

민준이는 눈을 이리저리 굴리며 명섭이의 눈길을 피했습니다.

"난 네가 요즘 인터넷에서 한 일을 알고 있어."

명섭이가 목소리를 쫙 내리깔며 말했습니다.

"그게……."

민준이의 목소리가 바르르 떨렸습니다.

"지난번에 달래가 끼어들어서 날 망신시켰잖아. 그래서 나도 되갚아 주고 싶었어. 미안해."

"알았어. 이번은 그냥 모른 척 넘어갈게. 하지만 다음부터는 절대 그러면 안 돼. 알았지?"

민준이가 고개를 끄덕였습니다.

 그 뒤로 '달님 아이들' 카페에는 이상한 글이 올라오지 않았습니다. 그런데 며칠 잠잠한가 싶더니 또 이상한 글이 올라왔습니다.

 '명섭이가 달래를 좋아한대요~. 좋아한대요~.'

 글을 올린 사람은 '1004'라고 되어 있었고 정보를 알 수 없었습니다. 그런데 그 글에 댓글이 많이 달렸습니다.

 '만날 껌딱지처럼 찰싹 달라붙어 따라다니는데, 그걸 모르는 사람이 누가 있냐?'

'그게 무슨 뉴스거리라고. 다 아는 이야기라 시시하다.'

'그런데 이 글을 쓴 사람 명섭이 아냐? 운영자가 지우지 않는 걸 보면 더 수상한데?'

'그런데 왜 카페지기도 이 글을 안 지우는 거야?'

명섭이는 답글들을 보며 씩 웃었습니다. 그리고 고개를 갸웃거렸습니다.

'달래는 왜 이 글을 지우지 않았을까? 정말 싫었으면 지웠을 텐데. 혹시?'

그때 명섭이에게 쪽지가 왔습니다. 달래였습니다.

'야. 너 자꾸 그런 장난치면 나한테 죽는다~~~~~.'

달래의 으름장에 명섭이가 히죽 웃었습니다.

사이버 공간에서 정보를 찾고 다른 사람과 교류해요

마음과 정보를 나누는 바다 속으로 '풍덩'

진달래가 '달님 아이들'이라는 우리 반 카페를 만들었다. 이곳은 알림장을 보거나 공부에 필요한 정보를 나눌 수 있으며 친구들과 서로 이야기를 나누어 더욱 친해질 수 있는 공간이 될 것이다. 하지만 카페에 가입할 때에는 실명제로 해야 하며, 카페 활동을 할 때에는 네티켓에 어긋나는 행동을 해서는 안 된다.

'정보'와 '정보사회'란 무엇일까?

정보란 세상에 널려 있는 사실 중에서 우리 생활에 도움이 될 수 있도록 가공하고 정리한 지식이다. 이러한 정보가 중심이 되는 사회를 정보사회라고 한다. 정보사회는 컴퓨터와 인터넷, 휴대폰 등 다양한 기기와 기술을 활용해 쓸모 있는 정보를 만들어 우리의 생활을 더욱 편리하게 해준다.

보이지 않는 거대 통신망 인터넷 사이버 공간

인터넷은 컴퓨터들이 정보를 교환할 수 있도록 연결된 거대한 통신망으로 정보사회를 빠른 속도로 발전시켰다. 사람들은 인터넷이 만들어 낸 공간인 사이버 공간에서 정보를 찾고 자신의 주장을 펼치며 다른 사람들과 교류한다. 사이버 공간을 이용할 때에는 사이버 중독이나 언어 파괴, 해킹, 지적재산권 침해 등이 이루어지지 않게 조심해야 한다.

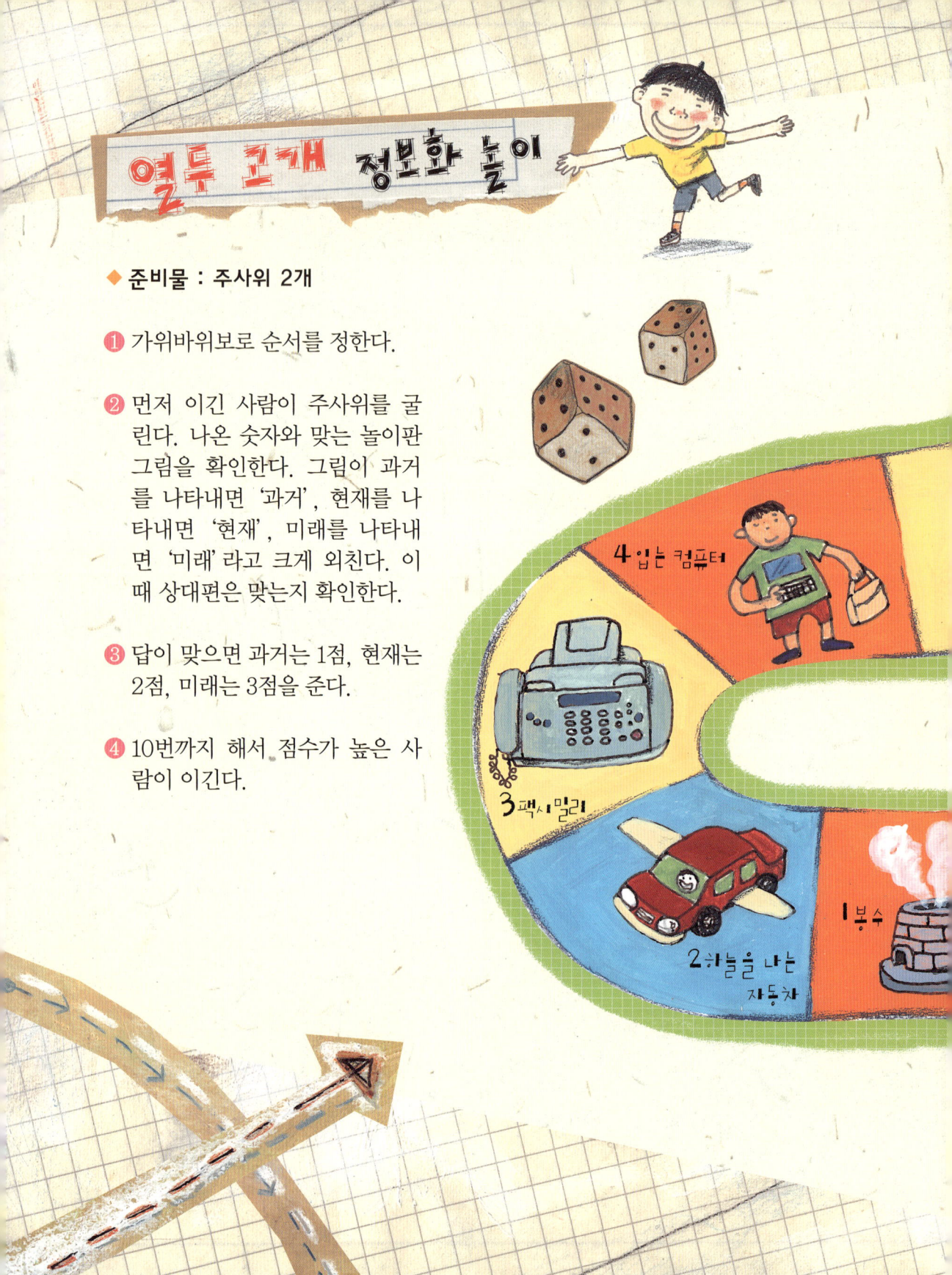

가족 구성원과 형태

이혼하지 마세요

  친척 결혼식이 있었습니다. 아빠와 엄마도 정장을 차려입고 결혼식장에 갔습니다.
  아빠와 엄마는 친척들과 악수를 하며 명섭이를 소개시켜 주었습니다. 명섭이가 처음 보는 친척들도 많았습니다.
  "삼촌! 그동안 잘 지내셨어요? 공부는 잘하고 있지요?"
  아빠가 중학생 또래의 아이를 반갑게 맞으며 손을 덥석 잡았습니다.
  "네. 조카님도 잘 지내셨지요?"
  "명섭아, 인사드려라. 아빠의 삼촌뻘 어른이야. 네겐 할아버지뻘이 되겠구나."

명섭이는 고개를 갸웃거리며 고개를 숙여 인사를 했습니다. 그러자 엄마가 명섭이 귀에 대고 소곤거렸습니다.
 "나이는 어리지만 촌수로는 어른이라 존대를 하는 거야."
 그때 한복을 입은 할아버지 한 분이 다가왔습니다. 아빠와 엄마가 허리를 굽혀 인사를 했습니다. 할아버지가 엄마를 보고 씩 웃었습니다.

"요즘도 술이 약한가? 결혼식 때에는 참 볼 만했지. 아직도 기억이 생생해. 허허."

할아버지의 말에 엄마의 얼굴이 빨개졌습니다.

"뭣 때문에 그래요?"

"그게……."

"당신 말하지 마세요."

엄마가 아빠 입을 막으려고 했습니다. 그러자 아빠가 씩 웃으며 엄마의 손을 치웠습니다.

"아빠와 엄마가 예식이 끝나고 폐백을 할 때 술을 조금 마시는 게 있었어. 그런데 엄마가 한 잔을 벌컥 다 마시고는 좀 취해서 식이 끝날 때까지 실실 웃었지."

엄마는 이맛살을 잔뜩 찌푸렸고 아빠는 재미있다는 듯 킬킬 웃었습니다.

그날 저녁 엄마가 명섭이에게 삼겹살을 사 오라는 심부름을 시켰습니다. 명섭이가 삼겹살을 사서 집에 들어가려는데 엄마 목소리가 현관 밖까지 들렸습니다.

"그래서 못 가겠다는 거예요? 집안일을 많이 도와주는 것도 아니고 그까짓 거 하나 도와주지 못해요? 명섭이는 저 혼자

낳아 기르는 거예요? 그리고 맞벌이하면서 모든 집안일을 여자에게만 맡기는 게 불공평하다는 생각 안 들어요?"

명섭이가 들어가자 아빠와 엄마는 아무 일 없었다는 듯 입을 다물었습니다. 하지만 아빠와 엄마는 서로를 투명인간 취급하며 눈도 한 번 마주치지 않았습니다.

'나 때문인가? 내가 뭘 잘못했지?'

명섭이는 가슴이 콩닥거리고 불안해졌습니다.

일요일 아침에도 일이 터졌습니다.

"명섭아, 아빠랑 인라인스케이트 타러 갈까?"

"명섭아, 엄마랑 놀이공원에 가자."

아빠와 엄마가 서로 명섭이를 불렀습니다. 명섭이는 중간에서 어찌할 바를 몰랐습니다.

"저 오늘 숙제가 많아서 그냥 집에서 숙제할게요."

명섭이는 아빠와 엄마 눈치를 살피며 방으로 들어갔습니다.

'이게 어떻게 된 거지? 정말 심각하게 싸우신 건가? 설마 두 분이 헤어지는 건 아니겠지?'

다음 날이 되어도 아빠와 엄마는 서로 말을 하지 않았습니다.

"명섭아, 저녁에 아빠랑 불고기 먹으러 갈까?"
"명섭아, 오늘 저녁에는 엄마랑 스파게티 먹으러 가자. 응?"
아빠와 엄마가 경쟁하듯 말했습니다. 명섭이는 아무 대답도 하지 못했습니다. 그저 어깨를 축 늘어뜨린 채 집을 나섰습니다.
"야, 왜 기운이 없어?"

쉬는 시간에 달래가 등을 톡 치며 물었습니다.

"우리 아빠와 엄마가 싸우셨나 봐. 나에게 너무 잘해 주셔. 서로 놀아 주겠다고 하시질 않나. 서로 맛있는 걸 사 주겠다고 하시질 않나."

"피, 그게 무슨 걱정거리냐? 서로 잘해 주신다면 더 좋은 거 아냐?"

달래의 말에 명섭이의 눈이 휘둥그레졌습니다. 달래가 말을 이었습니다.

"우리 집은 아빠와 엄마가 싸우면 괜히 나한테 불똥이 튀어. 왜 공부 안 하냐고 소리치거나 4학년이나 되었으면 혼자서 밥은 차려 먹을 줄 알아야 한다고 하시질 않나. 어쩔 때는 방이 지저분하니까 청소하라고 버럭 소리를 지르시기도 해. 그런데 그때뿐이야. 금방 사이가 좋아지시거든. 그러니까 너도 너무 걱정 마."

하지만 명섭이의 걱정은 쉽게 사그라지지 않았습니다.

수요일이었습니다.

"엄마, 오늘 공개수업 있는 거 아시죠?"

명섭이가 엄마에게 물었습니다.

"그거 아빠한테 물어봐라."

명섭이가 아빠를 쳐다보았습니다. 아빠도 머뭇거릴 뿐이었습니다. 명섭이는 시원한 대답도 듣지 못한 채 학교로 향했습니다.

'만약 두 분이 헤어지면 나는 누구랑 살지?'

명섭이의 머리가 어지러워졌습니다.

점심시간이 지난 뒤 공개수업이 시작되었습니다. 명섭이가 뒤를 돌아보니 아빠의 모습이 보였습니다. 다들 엄마가 와서 그런지 아빠는 쑥스러워 보였습니다. 명섭이는 엄마 대신 아빠가 와 준 것이 고마웠습니다.

'그런데 왜 아빠가 오신 거지? 혹시 둘이 이혼하시고 아빠랑 살 준비를 하라는 건가?'

명섭이의 어깨가 축 처졌습니다.

공개수업이 끝난 다음에 아빠는 회사로 다시 들어가야 한다며 금세 사라졌습니다.

그날 저녁에 온 식구가 모여 함께 저녁을 먹었습니다. 명섭이는 밥을 먹는 둥 마는 둥 했습니다.

"왜? 밥맛이 없어?"

엄마의 말에 명섭이는 고개를 저으며 아빠와 엄마를 번갈아 쳐다보았습니다.

"엄마, 아빠. 제발 이혼하지 마세요. 알았죠?"

"그게 무슨 소리냐? 이혼하다니?"

명섭이가 눈물을 글썽거리며 말하자 아빠와 엄마가 깜짝 놀라 눈이 휘둥그레졌습니다.

"그럼 지난번에 뭣 때문에 싸우신 거예요?"

어느새 명섭이의 눈에서 눈물이 뚝 떨어졌습니다.

"아, 그거. 네 공개수업 때문에. 엄마가 일이 있어서 못 가니까 아빠한테 가라고 했더니 아빠가 창피해서 못 가겠다고 했거든. 설마 그것 때문에?"

엄마가 어이없다는 듯 미소를 지었습니다.

"휴~. 난 그것도 모르고 괜히 걱정했네."

명섭이가 길게 한숨을 내쉬며 입가에 미소를 걸었습니다.

"너 웃는 거냐? 울다가 웃으면 엉덩이에 뿔 난다~."

아빠와 엄마가 배꼽을 쥐고 웃었습니다.

저녁을 먹은 뒤 아빠와 엄마가 명섭이를 사이에 두고 결혼사진을 보여 주었습니다.

"이때만 해도 내가 봐줄 만했는데……."
"나는 어떻고. 봐, 배도 안 나왔잖아."
"그때도 나왔거든요. 왜 그러세요."
"아니야. 그땐 안 나왔어."
아빠와 엄마가 입을 삐죽거리며 말했습니다.
"그만하세요. 그러다가 진짜로 싸우시겠어요."
그러자 아빠와 엄마가 금세 어깨동무를 하며 명섭이를 향해 방긋 웃어 보였습니다.
명섭이는 바로 달래에게 전화했습니다. 그리고 부모님이 화해하셨다고 이야기를 전했습니다.
"그런데 우리 나중에 결혼할 때 너도 드레스 입으면 우리 엄마처럼 예쁠 것 같아."
"뭐라고? 너 학교에서 만나면 나한테 꿀밤 맞을 줄 알아!"
"맞고 너랑 결혼할 거다!"
달래가 뭐라고 하기 전에 명섭이는 얼른 수화기를 내려놓았습니다. 명섭이는 달래와 결혼식을 올리는 상상을 하니 진짜 새신랑이 된 것처럼 설레었습니다.

가족은 사회를 구성하는 기본 집단이에요

친척이 다 모여서 결혼을 축하해요

일요일에 친척 결혼식이 있어 아빠와 엄마를 따라 결혼식장에 갔다. 오랜만에 친척들을 많이 만날 수 있었다. 낯익은 얼굴도 많았지만 그렇지 않은 얼굴들도 있었다. 서로 정다운 옛이야기를 나누며 웃음꽃을 피웠다.

혼인이나 혈연으로 맺어진 집단

가족이란 혈연, 혼인, 입양 등으로 한집안을 이룬 사람들의 집단이나 구성원을 말한다. 집단을 말할 때에는 가정이라고 하기도 한다. 친척은 상호간에 관계가 깊은 사람들의 집단으로, 혈연으로 이어지는 혈족과 혼인으로 이어지는 인척이 있다.

변화하는 가족의 형태

대가족은 자녀들이 결혼해도 따로 나가 살지 않고 부모님을 모시고 사는 형태이며, 핵가족은 부부와 결혼하지 않은 자녀만으로 이루어진 형태이다. 옛날에는 집안의 가장이 모든 것을 결정하는 대가족이 많았지만 지금은 부부 중심의 핵가족이 새로운 가족 형태로 자리 잡았다.

우리 가족을 소개합니다

명섭이네 가족은 핵가족이에요.

한부모 가족
지훈이는 아빠랑 단둘이 살아요. 하지만 주말에는 엄마를 만날 수 있답니다.

입양 가족
진수는 고아였지만 입양되어서 좋은 엄마 아빠가 생겼답니다.

의식주 문화
김치 없인 못 살아

일요일이었습니다. 오랜만에 아빠가 밥을 하고 김치찌개를 끓였습니다.

"가만히 보면 당신이 나보다 김치찌개를 더 잘 끓이는 것 같아요."

"그거야 당신이 김치를 잘 담그니까 그렇지. 김치찌개의 생명은 김치 국물이잖아."

"어쨌든 이런 김치찌개라면 1년 365일 먹어도 질리지 않을 것 같아요. 호호."

"그건 혹시 나보고 만날 김치찌개를 끓이라는 이야기인가?"

아빠가 눈을 흘기며 엄마를 쳐다보았습니다.

"당신은 찌개만 잘 끓이는 게 아니라 눈치도 참 빨라요. 가만히 앉아서 얻어먹는 밥이 제일 맛있는 밥인 거 아시죠? 호호홋."

엄마가 눈을 찡긋거리며 웃어 보였습니다.

그런데 명섭이는 젓가락을 들고 어떤 반찬을 집어야 할지 머뭇거렸습니다. 반찬이 온통 김치 종류였기 때문입니다. 배추김치, 깍두기, 갓김치, 파김치, 고들빼기김치 등이었습니다.

"넌 밥을 먹는 거니, 마는 거니? 왜, 먹을 만한 게 없어?"

"이 고들빼기김치 정말 맛있는데."

아빠와 엄마는 김이 모락모락 나는 하얀 쌀밥에 고들빼기김치를 얹어 입에 넣었습니다. 하지만 명섭이는 김치에 손이 가지 않았습니다. 그냥 맨밥만 오물오물 씹어 삼킬 뿐이었습니다.

"명섭아, 김치가 몸에 얼마나 좋은 음식인지 아니? 김치에 들어가는 여러 가지 채소는 열량이 적고 식이섬유가 많아. 그리고 고추의 캡사이신이라는 성분은 지방을 연소시켜 체중 조절에 도움을 준대."

"김치의 유산균과 식이섬유는 장을 깨끗하게 만들고 암을 예방시켜 준다고 하던데? 그뿐만 아니라 여러 가지 영양분이 늙는 것을 막아 준다는구나. 그러니까 한번 먹어 봐. 응?"

아빠와 엄마는 약속이라도 한 듯 김치에 대해 설명하며 명섭이에게 김치를 먹어 보라고 권했습니다. 하지만 명섭이는 계속 밥만 먹었습니다. 그 모습을 지켜보던 아빠와 엄마는 속이 터지는지 한숨만 쉬었습니다.

"너 자꾸 그렇게 밥 먹으면 멀리 이사 가 버린다. 그러면 달래와도 헤어지게 되는 거 알지?"

엄마가 이맛살을 찌푸리며 협박하듯 말했습니다. 그러자 명섭이가 입을 삐죽 내밀었습니다. 그리고 겨우 김치를 집어 밥

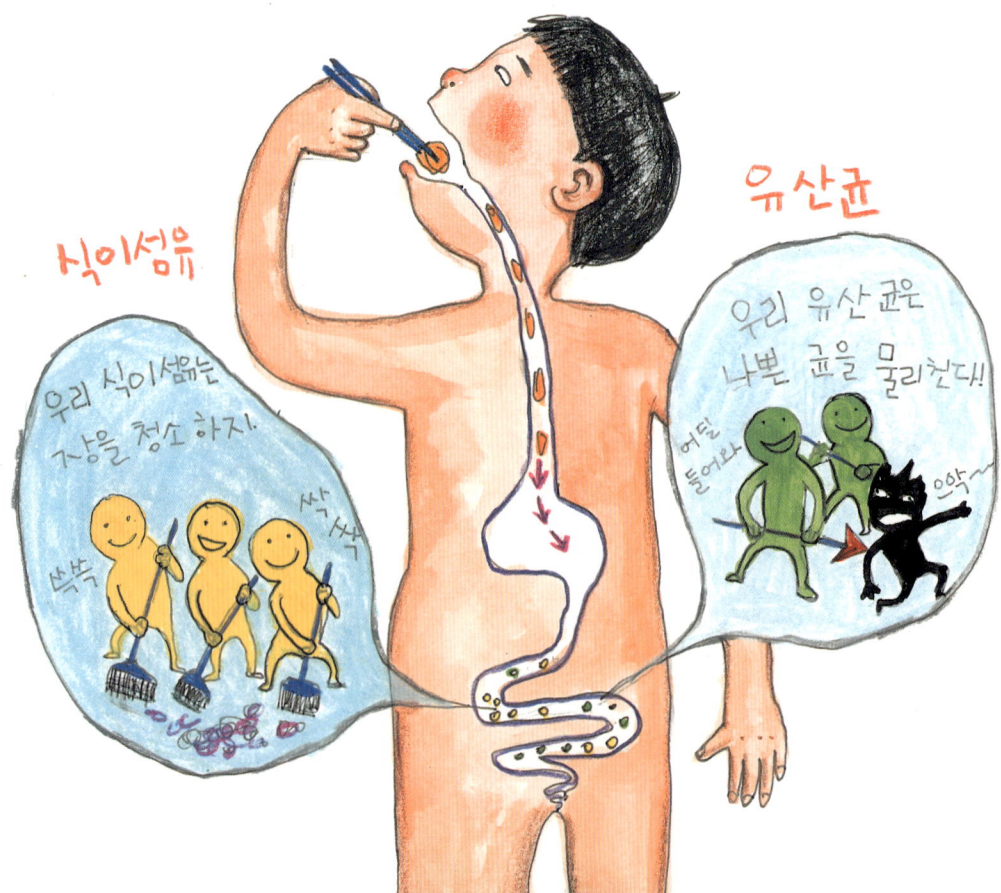

에 올리더니 김치에 묻은 양념을 닦아 내고 먹었습니다.

"어이구, 답답해."

엄마의 이맛살은 여전히 펴지지 않았습니다.

"여보, 며칠 동안 다른 반찬은 하지 마. 이번 기회에 먹는 습관을 확실하게 고쳐야겠어."

아빠도 짜증이 치밀어 오른 듯 말했습니다.

그때 초인종이 울렸습니다. 아빠가 문을 열자 종구 형이 서 있었습니다.

"김치찌개 냄새가 너무 구수해서 저도 모르게 왔습니다."

종구 형은 코로 냄새를 들이마시며 지그시 눈을 감았습니다.

"아직 저녁 안 먹었어? 그럼 들어와. 같이 먹게."

아빠가 종구 형을 데리고 들어왔습니다. 종구 형의 입이 귀까지 걸렸습니다. 종구 형은 금세 밥 한 공기를 뚝딱 비우고 또 먹었습니다.

"김치 정말 맛있네요. 예전에 어머니께서 해주신 김치 맛하고 똑같아요. 특히 이 파김치는 정말 짱이에요. 서울에서 이런 김치 맛을 볼 수 있다니. 이런 김치를 몇 끼 더 먹을 수 있다면 소원이 없겠어요!"

종구 형이 아부를 하자 엄마가 호호 웃으며 반찬통에 김치를 담기 시작했습니다. 종구 형의 입이 또 귀까지 걸렸습니다.
"빈대."
명섭이가 중얼거렸습니다.
"응? 뭐라고 했냐?"

"아무것도 아니에요. 그런데 김치가 그렇게 맛있어요?"
명섭이가 말꼬리를 돌리며 물었습니다.
"그럼. 사람이 살아가는 데에는 의식주가 필요하지만 난 그 중에서 음식이 가장 중요하다고 생각해. 그리고 음식 중에서는 김치가 으뜸이야. 난 김치 없인 못 살거든. 그런데 왜 넌 김치 안 먹니?"

종구 형의 말에 명섭이는 입을 삐죽 내밀고 고개를 숙이며 아무 대답도 하지 않았습니다. 아빠와 엄마가 이맛살을 찡그리며 고개를 저었습니다. 종구 형이 그 모습을 보고 배시시 웃었습니다.

"저도 예전에는 파김치를 안 먹었는데 여자 친구가 파김치를 너무 좋아해서 맛 들였어요."

"형도 여자 친구가 있어요?"

명섭이가 고개를 쳐들고 비꼬는 듯 물었습니다.

"그럼. 나처럼 김치 잘 먹는 사람이 여자 친구가 없겠니?"

종구 형의 말에 아빠와 엄마가 싱글벙글 웃으며 명섭이 몰래 서로 눈을 찡긋거렸습니다.

며칠 동안 아빠와 엄마는 다른 반찬은 준비하지 않고 김치 종류만 상에 올려놓았습니다. 그때마다 명섭이는 겨우 김치를 조금 먹는 시늉만 낼 뿐이었습니다.

명섭이와 달래가 명섭이 집에서 함께 사회 숙제를 하던 날이었습니다. 둘이 숙제를 끝낼 즈음 명섭이 엄마가 불렀습니다.

"달래야, 오늘은 우리 집에서 저녁 먹고 가거라. 알았지?"

"네~. 주신다면 감사히 잘 먹겠습니다."

달래가 시원시원하게 대답했습니다.

엄마가 저녁상을 차린 뒤 명섭이와 달래를 불렀습니다. 그런데 평소와 같은 상차림이었습니다.

"엄마, 달래가 왔는데 햄이나 소시지 반찬 같은 거 없어요? 아니

면 달걀말이라도."

명섭이가 반찬이 불만인 듯 퉁명스럽게 말했습니다.

"왜 그래? 모두 맛있게 보이는데."

달래가 자리에 앉았습니다. 그리고 엄마가 먼저 숟가락을 들자 달래도 숟가락을 들었습니다.

"잘 먹겠습니다."

달래는 크게 말하고 김치를 집었습니다. 그리고 밥에 얹어 먹었습니다. 하지만 명섭이는 숟가락으로 밥을 뜬 채 이리저리 눈만 굴리고 있었습니다.

"아주머니, 이 김치 정말 맛있게 잘 익었네요."

"달래, 너는 김치에 대해 뭘 좀 아는구나? 역시~."

달래의 말에 엄마가 맞장구를 쳤습니다.

"김치가 있어야 밥맛이 도는 것 같아요. 명섭아, 너도 그렇지?"

"어? 으~ 응."

명섭이가 히죽 웃으며 얼떨결에 대답했습니다.

"명섭이 넌 참 좋겠다. 매일 이렇게 맛

있는 김치를 먹을 수 있어서."

"그, 그래. 정말 맛있지?"

명섭이가 환하게 웃으며 달래의 말에 맞장구를 쳤습니다.

"명섭아, 너 김치 잘 안……."

엄마가 말하는 순간 명섭이가 김치를 듬뿍 집어 자기 입에 쏙 넣었습니다.

"엄마, 김치가 정말 맛있어요. 저 김치 없인 못 사는 거 엄마도 잘 알잖아요."

명섭이는 김치를 오물오물 씹으며 엄마에게 말했습니다. 엄마가 피식 웃었습니다.

명섭이도 김치 반찬만 가지고 저녁밥을 다 먹었습니다. 그 모습을 보고 달래와 엄마는 명섭이 몰래 서로 얼굴을 마주 보며 눈을 찡긋거렸습니다.

의식주는 인간 생활의 기본 요소예요

아삭아삭 김치로 찌개를 끓였어요

엄마는 김치를 잘 담그고 아빠는 김치찌개를 잘 끓인다. 지난 일요일 오랜만에 아빠가 김치찌개를 끓였다. 밥상에는 온통 김치 종류밖에 없었다. 나는 김치를 싫어해 입에 대지 않았다. 그러나 이제 나도 김치를 잘 먹게 되어 우리 가족은 김치 가족이 되었다.

발효 식품 김치

김치는 채소를 소금에 절이고 고추, 마늘, 파, 젓갈 등을 넣고 버무린 다음, 발효시켜 먹는 우리 고유의 음식이다. 여러 가지 비타민과 유산균이 풍부해 건강에 좋으며, 세계적으로 영양가를 인정받아 우주인들의 건강을 지켜 주는 영양 식품으로 선정되기도 했다.

의식주란 무엇일까?

우리가 살아가는 데 꼭 필요한 세 가지 기본 요소는 옷과 음식, 집이다. 이를 통틀어 의식주라고 한다. 의식주 문화 속에는 오랜 시간 동안 같은 장소에서 살아온 사람들의 지혜와 멋이 담겨 있다. 그래서 의식주를 살펴보면 각 지역 사람들의 생활양식과 역사, 가치관 등을 알 수 있다.

우리 조상들은 어떻게 살았을까?

1. 의 - 한복

우리 조상들은 자연에서 재료를 구해 옷을 만들어 입었다. 여름에는 삼과 모시라는 식물의 줄기를 이용해 깔깔하고 시원한 삼베 옷과 모시 옷을 만들어 입었다. 겨울에는 목화에서 나는 솜으로 실을 만들어 짠 무명 옷과 누에고치에서 실을 뽑아 만든 비단 옷을 입었다.

풍차 남녀 모두 사용한 겨울용 모자로 볼끼를 덧대 귀와 뺨, 턱을 가린다.

토시 팔에 끼는 것으로 안에 솜이나 털가죽을 덧대 만들었다.

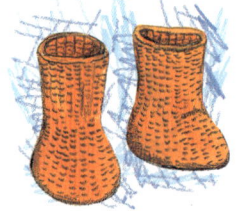

멱신 짚으로 엮어 만든 방한용 겨울 신발이다.

2. 식 - 조상들이 즐긴 음식

봄 화전

여름 삼계탕

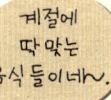
계절에 딱 맞는 음식들이네~.

가을 송편

겨울 팥죽

3. 주 - 한옥

한옥은 추위를 모두 이겨 낼 수 있었던 우리나라 고유의 집이다. 한옥의 가장 큰 특색은 온돌과 마루이다. 온돌은 아궁이에서 불을 지필 때 생긴 열기가 방바닥 밑에 깔린 돌로 옮겨 가서 방바닥을 따뜻하게 하는 장치이다. 방과 방 사이에 마루를 놓아 바람이 잘 통하게 해서 무더운 여름을 시원하게 보낼 수 있었다. 지붕으로는 기와 지붕과 초가 지붕이 가장 많이 쓰였다.

여러 가지 사회문제

운동장에 쓰레기통을 만들어 주세요

봉사활동을 하는 날이었습니다. 아침에 운동장과 건물 주위의 쓰레기를 줍는 일이었습니다.

명섭이는 아이들과 함께 집게와 쓰레기를 담는 양동이를 들고 운동장에 나갔습니다. 운동장에는 음료수 병과 과자 부스러기, 아이스크림 막대기 등이 버려져 있었습니다.

"누가 운동장에 이렇게 쓰레기를 버리는 거야?"

명섭이가 짜증을 부리며 쓰레기를 주웠습니다.

체육 시간이었습니다. 공 운동의 마지막 시간이어서 축구를 했습니다. 햇살이 무척 따가웠지만 아이들은 남자, 여자 할 것 없이 공을 쫓아 상대방의 골대에 골을 넣으려고 했습니다.

"슛~."

명섭이가 공을 세게 찼습니다. 상대방 골키퍼를 보던 민준이의 가랑이 사이로 공이 빠져 골대로 들어갔습니다. 공은 망이 없는 골대를 지나 한참 동안 데굴데굴 굴러갔습니다.

"야호! 골이다!"

명섭이가 소리를 지르며 펄쩍펄쩍 뛰었습니다.

"야, 네가 넣었으니까 네가 공 가져와."

골키퍼를 보았던 민준이가 말했습니다. 명섭이가 주위를 휘둘러 살폈습니다. 공은 저만치 운동장 끝에 가 있었습니다. 명섭이는 하는 수 없이 털레털레 걸어가서 공을 가져왔습니다.

"이게 뭐야. 골을 넣고도 공을 가져와야 하다니. 골대에 망이 있었으면 공이 빠져나가지 않았을 텐데. 게다가 멋지게 출렁거렸을 테고 말이야."

명섭이가 혼자 중얼거렸습니다.

금요일, 4교시 수업이 끝났습니다. 명섭이가 신청한 클레이 아트 특기 적성은 오후 2시에 시작되었습니다. 그래서 1시간 정도 도서실에 가 있거나 운동장에서 놀아야 했습니다. 컴퓨터 특기 적성을 신청한 달래도 그때까지 학교에서 기다려야 했습니다.

"명섭아, 날씨도 더운데 우리 아이스크림 사 먹을까? 내가 사 줄게."

달래의 말에 명섭이가 환하게 웃었습니다. 달래와 명섭이는 아이스크림을 사서 운동장 스탠드에 앉아 먹었습니다.

아이스크림을 먹자 속이 시원해지는 것 같았습니다.

"왜 운동장에는 쓰레기통이 없을까?"

달래가 아이스크림 포장지와 막대기를 버릴 곳을 찾아 두리번거렸습니다.

"그러게. 쓰레기통이 있었으면 좋겠다. 아침에 봉사활동 할

때도 이런 쓰레기가 많았어. 쓰레기통이 있었으면 다들 그 쓰레기통에 버리지 않았을까?"
"그래. 그런데 우리 이 쓰레기는 어떡하지?"
"나 줘. 이따 특기 적성 교실에 가서 그곳에 있는 쓰레기통에 버릴게."

명섭이가 달래의 아이스크림 포장지까지 받아 들었습니다.

명섭이는 특기 적성 시간이 끝난 다음에 학교 건의함에 '운동장에 쓰레기통을 만들어 주세요' 라는 글을 썼습니다. 하지만 며칠이 지나도 쓰레기통은 만들어지지 않았습니다.

"선생님, 건의함에 쓰레기통을 만들어 달라고 했는데 어떻게 되었는지 알 수 있을까요?"

명섭이가 선생님에게 물었습니다.

"그래? 선생님이 알아볼게."

선생님은 여기저기 전화를 했습니다. 그리고 수업이 끝난 다음에 명섭이를 불렀습니다.

"몇몇 선생님들이 검토했는데 쓰레기통이 없는 게 낫다고 했대. 그렇게 알고 있으렴."

집으로 향하는 명섭이의 어깨가 축 처졌습니다. 그런데 누군가 명섭이 앞을 턱 막아섰습니다. 아이스크림을 입에 문 종구 형이었습니다.

"만날 날뛰던 섭섭이가 오늘은 기운이 없어 보이네? 더위 먹었나?"

명섭이는 고개를 가로저었습니다.

"진짜 이상하네. 좋아, 내가 특별히 아이스크림 한 입을 허락하마."

종구 형은 침이 잔뜩 묻어 있는 아이스크림을 명섭이 눈앞에 쑥 내밀었습니다.

"이런 걸 어떻게 먹어요!"

명섭이는 기겁을 하며 소리를 빽 질렀습니다.

"당연히 못 먹지. 이제야 섭섭이답네."

종구 형은 히죽 웃으며 아이스크림을 입속에 쏙 넣었습니다.

"무슨 일이야?"

종구 형의 나지막한 목소리가 평소와는 다르게 형 같다는 생각이 들었습니다. 명섭이는 툭 터놓고 오늘 학교에서 있었던 일을 이야기했습니다.

"네 생각이 틀린 거 아냐. 하지만 너 혼자만의 생각으로 무엇인가를 바꾼다는 것은 힘들어. 그러기 위해서는 많은 사람들이 너와 같은 생각을 해야 하는 거야."

명섭이는 잘 이해할 수 없다는 듯 고개를 갸웃거렸습니다.

"전교 어린이회에 건의하는 것은 어떨까? 너 혼자의 의견이 아니라 너희 학교 학생들이 너와 같은 의견이라면 뭔가 달라질 수 있을지도 모르니까."

"달래가 전교 어린이회에 참여할 수 있으니까 거기서 건의해 보라고 하면 되겠네요!"

그제야 명섭이의 입에 미소가 걸렸습니다. 종구 형은 고개를 끄덕이며 막대기만 남은 아이스크림을 쪽쪽 빨았습니다.

"운동장뿐만 아니라 길거리에도 쓰레기통이 있어야겠는걸? 동사무소나 구청에 건의해 봐야겠군."

"형이 일부러 그렇게 하지 않아도 되잖아요. 귀찮지 않아요?"

"귀찮고 불편하지. 하지만 누군가 그런 건의를 해야 우리 생활이 더 편해지지 않을까? 내가 법을 공부하는 것도 사회문제를 바르게 해결하기 위해서 하는 것이니까 말이야."

종구 형이 방긋 웃었습니다.
"형이 처음으로 고시생처럼 보여요!"
"나는 처음부터 고시생이었어. 그럼 넌 여태까지 날 뭘로 본 거야?"
"동네 백수요."
"섭섭이 실망이다. 사람 볼 줄 모르네."
종구 형은 화난 척 입술을 깨물었다가 명섭이가 활짝 웃는 모습에 덩달아 웃어 버렸습니다.

다음 날, 명섭이는 달래에게 전교 어린이회에 건의해 달라고 부탁했습니다. 그러자 달래가 걱정 말라고 명섭이의 등을 툭툭 두드렸습니다.
전교 어린이회 회의 시간이었습니다.

난 백수가 아니라 고시생이야!

"만날 운동장에 쓰레기를 버린다고 하기 전에 운동장에 쓰레기통을 만들어 주는 것이 좋을 것 같습니다. 그러면 운동장이 더 깨끗해질 것입니다."

건의 사항 시간에 달래가 손을 들고 말했습니다. 달래의 뜻에 동의하고 같은 의견을 다시 건의하는 어린이들이 많아서 정식으로 학교에 건의할 수 있게 되었습니다.

며칠 뒤, 드디어 학교 운동장에 쓰레기통이 설치되었습니다. 그리고 전교 어린이회에서 이번 주 생활 목표의 실천 사항을 '운동장 쓰레기를 운동장 쓰레기통에 버리자'로 정했습니다.

금요일이 되었습니다. 명섭이가 달래에게 아이스크림을 사 주었습니다.

"전교 어린이회에 건의해서 이루어진 게 참 신기해."

명섭이가 아이스크림을 다 먹은 뒤 포장지를 운동장 쓰레기통에 버리며 말했습니다.

"나도 그래. 우리 다음에는 화장실에 좌변기 설치해 달라고 할까?"

"그래. 그것도 건의해 보고 축구 골대에 망을 설치해 달라고도 하자."

"화장실 낙서도 좀 지워 주었으면 좋겠어. 유성 펜으로 써서 지워지지 않아."

"화장실에 비누가 떨어지면 바로 바꿔 달라고 해야겠어."

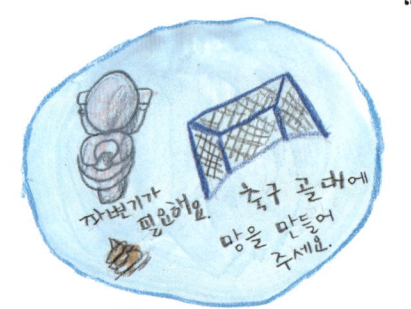

명섭이와 달래는 서로 전교 어린이회에 건의할 것들을 떠올려 보았습니다.

"그런데 명섭이 넌 학급 임원이 아니라 전교 어린이회에 못 가잖아."

달래가 놀리듯 배시시 웃으며 말했습니다.

"뭐라고? 내가 왜 못 가냐? 2학기 때 회장이나 부회장 되면 되잖아."

"누가 추천해 줄 사람이 있을까?"

"없으면 내가 손들어서 하지 뭐. 너는 그때 꼭 나 찍어 줘야 한다. 알았지?"

"글쎄. 남자는 최명섭이라고 쓰긴 하겠지만 여자 이름에 혹시 내 이름을 쓸지도 모르겠는데?"

명섭이와 달래는 학기 초 학급 임원 선거 때 있었던 일을 떠올리며 한바탕 웃었습니다.

여러 가지 사회문제를 해결해요

운동장에 쓰레기통이 생겼어요

전교 어린이회에서 '운동장에 쓰레기통을 만들자'라는 건의가 통과되었다. 그래서 학교 운동장에 쓰레기통이 만들어졌다. 그 때문인지 운동장의 쓰레기가 눈에 띄게 줄었다. 앞으로도 전교생이 쓰레기를 쓰레기통에 버리는 것을 생활화해 운동장이 항상 깨끗하도록 노력해야겠다.

사회제도 때문에 생기는 문제

사회문제란 집이 부족하다든지, 교통이 너무 혼잡하다든지, 환경이 파괴된다든지 등 사회제도나 완전하지 못한 사회구조 때문에 생기는 문제이다. 그러므로 사회문제는 개인 혼자서는 해결할 수 없다. 그래서 대부분 국가나 각 지역의 자치단체, 또는 시민단체에서 사회문제를 해결하기 위해 노력한다.

더 나은 사회를 위하여

사회문제는 시민들의 생활에 어떤 불편을 주는지 상황과 원인을 파악해야 해결이 가능하다. 그래서 각 사회단체나 공공 기관에서는 자료를 수집 분석하고 해결 방법을 찾기 위해 회의를 연다. 그리고 관련 기관과 대화를 통해 문제를 푼다. 학교의 학급 어린이 회의나 전교 어린이 회의에서도 비슷한 과정으로 문제를 해결한다.

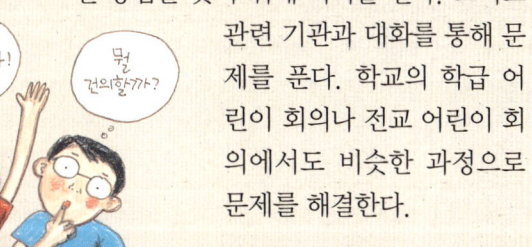

쏙쏙 지식사전

경쟁
자유롭게 물건을 사고팔 수 있는 가운데 서로 자신의 이익을 크게 얻게 하는 것이다.

규범
여러 사람이 모여 사는 사회에서 질서를 유지하기 위해 사람들이 지켜야 할 행동 규칙이다.

네티켓
네트워크와 에티켓의 합성어로 인터넷 사이버 공간에서 네티즌이 지켜야 할 상식적인 예절이다.

대의 정치
민주주의 국가에서는 대표자를 뽑아 정치를 맡기고 있는데, 이처럼 자신을 대신해 정치에 참여한다는 말을 뜻한다. 간접 민주 정치라고도 불린다.

선거의 4대 원칙
보통선거 : 성별, 신분, 부자와 가난한 자에 관계없이 일정한 나이만 넘으면 누구나 선거에 참여할 수 있는 것이다.
평등선거 : 모든 사람이 공평하게 한 표씩 행사하는 것이다.
직접선거 : 투표권을 가진 사람이 직접 후보를 뽑는 것이다.
비밀선거 : 누굴 찍었는지 아무도 모르게 하는 것이다.

방위
동서남북의 방향을 말하는데, 4방위표와 8방위표가 있다.

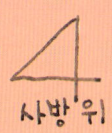

축척
실제 거리를 지도상에 얼마나 줄여 놓았는지 그 비율을 나타낸 것이다. 대축척은 실제 지형상의 모습을 자세히 관찰할 수 있고, 소축척은 한국전도나 세계전도처럼 전체적인 형태를 살펴볼 수 있다.

기후의 3요소
기온 : 공기의 온도를 나타낸다.
강수량 : 땅 위에 떨어진 비, 눈, 우박, 이슬, 서리, 안개 등 모든 물을 합친 양이다.
바람 : 기압의 변화 또는 사람이나 기계에 의하여 일어나는 공기의 움직임이다.

도표의 종류
막대 그래프 : 비교할 양이나 수치의 분포를 막대 모양의 도형으로 나타낸 것이다.
원 그래프 : 원을 반지름으로 나누고 그 면적으로 전체에 대한 각 부분의 내역을 나타낸 것이다.
띠 그래프 : 일정한 길이의 띠 모양의 직사각형을 길이로 나누어서 그 구분된 직사각형으로 크기를 나타낸 것이다.

입양
핏줄로 이어지지 않은 아이를 자식으로 삼아 가족으로 받아들이는 것이다.

촌락
농사를 짓거나 가축을 기르거나 물고기를 잡는 것 등으로 생활하는 지역 사회이다.

시장의 역할
물건의 수요와 공급, 가격을 결정하고, 물건을 만든 사람과 사는 사람을 연결해 준다.

한국은행
우리 나라의 중앙 은행으로, 정부나 다른 일반 은행에 돈을 빌려 주는 일을 한다. 또 시중의 돈의 흐름을 조절하고 돈을 만드는 일을 한다.

시민단체
사회 전체가 문제없이 잘살 수 있도록 시민들이 스스로 만든 집단으로 정치, 경제, 사회, 교육, 문화, 환경, 복지, 여성, 교통 등 여러 분야에서 활동한다.